Das Garagenmanifest

Das Garagenmanifest

Jens Casper, Luise Rellensmann (Hrsg.)

PARK BOOKS

Einführung

> »Many things in the world have not been named; and many things, even if they have been named, have never been described.«
>
> **Susan Sontag, Notes on »Camp«, 1964**

Jeder in der ehemaligen DDR sozialisierte oder in Ostdeutschland aufgewachsene Mensch kann Geschichten über die Garagen erzählen: von Wochenenden und Grillabenden im Garagenhof, vom Weg zur Garage auf dem Fahrrad, vom Auto, das vor allem für die Urlaubsreise an die Ostsee bewegt wurde, von gegenseitiger Hilfe in Zeiten von Mangelwirtschaft. Noch immer wird hier an Autos gebastelt, das Feierabendbier getrunken, werden mit den Nachbarn Werkzeuge getauscht, und immer neue Geschichten und moderne Mythen vermischen sich in Verbindung mit der DDR-Garage. Jenseits dieser gesellschaftlichen Bedeutung fallen die Garagen als bemerkenswerte architektonische Typologie ins Auge. Im vereinten Selbstbau errichtet, breiten sich größere Anlagen, die mitunter aus mehr als 1000 Garagen bestehen können, an Siedlungsrändern aus; kleinere Komplexe verstecken sich in Hinterhöfen oder Wohnblocks.

In den letzten Jahren ist das Interesse an einer Aufarbeitung der Architektur- und Planungsgeschichte der DDR gestiegen. Architekturhistoriker*innen richten ihren Blick auf wichtige Planer*innenpersönlichkeiten und Vorzeigeprojekte der DDR-Planungskultur, Denkmalpfleger*innen verteidigen die Ostmoderne gegen Abrisspläne. Die Garagen sind dabei bisher durch das architektur- und kunstgeschichtliche Raster gerutscht. Trotz zunehmendem journalistischen, filmischen und künstlerischen Interesse an den selbst errichteten Stellplätzen aus sowjetischen Zeiten tauchen ostdeutsche Garagen selbst in der sozialgeschichtlichen Forschung – etwa zur Automobilisierung und Verkehrsplanung in sozialistischen Gesellschaften – bisher nicht auf.

Wir haben genauer hingesehen. Bei Fahrten durch die Landschaften und Städte Ostdeutschlands sind wir auf die Garagenanlagen aufmerksam geworden und haben ihnen in der

Folge 2016 ein interdisziplinäres Seminar an der BTU Cottbus gewidmet, in dessen Rahmen die Studierenden mit uns zusammen architektonische und denkmalpflegerische Manifeste diskutieren und Porträts von neun Garagenanlagen erarbeiten konnten.

Entgegen des konventionellen architekturhistorischen und denkmalpflegerischen Fokus auf das Exzeptionelle erfolgte die Auswahl der Garagenanlagen per Zufall, quer über den Cottbusser Stadtraum verteilt. Die Studierenden entwickelten kleine Porträts ihrer Garagenkomplexe in Form von Zeichnungen, Fotos und kurzen Texten und präsentierten diese jeweils wie kleine Entwürfe mit einer eigenen Entwurfsidee. Die Zeichnungen in verschiedenen Maßstäben vermochten Zusammenhänge sichtbar zu machen, die sonst verborgen geblieben wären. Die Fotos ergänzten dies mit der Darstellung von baulichen Details und atmosphärischen Aspekten. Die Texte entstanden aus den Beobachtungen der Studierenden und aus Gesprächen mit Personen vor Ort. Wir waren überrascht, wie viel Zeit- und Kulturgeschichte diese an sich banalen Gebäude offenbaren konnten. 2017 präsentierten wir die Ergebnisse des Seminars im Rahmen einer Ausstellung im Satellit der Architektur Galerie Berlin.

Für das nun vorliegende Buch haben wir die Garagen noch einmal besucht und das vorhandene Material grundlegend überarbeitet und aktualisiert. Im einleitenden Text zu den DDR-Garagen fließen die Erkenntnisse der Studierenden aus den Cottbuser Beobachtungen, neue Funde aus dem Stadtarchiv Cottbus und allgemeine Recherchen zum Phänomen und zur Geschichte der Garagen zusammen. Ein fotografischer Essay des Architekten Martin Maleschka ergänzt die Garagenporträts. Seit gut einem Jahrzehnt hält Maleschka im Verschwinden begriffene Relikte – Gebäude und Kunstwerke – seiner alten Heimat, der DDR, mit der Kamera fest. Auf seinen ausgiebigen fotografischen Forschungsreisen sind auch ihm die Garagen nicht entgangen. Seine Bilder geben einen Eindruck der baukonstruktiven und städtebaulichen Vielfalt der Anlagen, wie man sie in ganz Ostdeutschland entdecken kann.

Das Garagenmanifest ist eine erste Annäherung an ein bauliches Phänomen. Die Beschreibung der Garagen in der vorliegenden Form weist ihnen eine konkrete bau- und soziokulturelle Bedeutung zu. Der Text »Making Heritage« kontextualisiert diesen Vorgang im Denkmal- und Kulturerbediskurs. Er skizziert das Verhältnis beziehungsweise die Entzweiung von Denkmalpflege und Architektur seit dem 19. Jahrhundert und zeigt die Grenzen einer autoritären Denkmalpflegepraxis auf. Mit der in diesem Buch vorgestellten Arbeit wird nicht die Unterschutzstellung von DDR-Garagen unter Zuhilfenahme der deutschen Denkmalschutzgesetze eingefordert – Gesetze, denen nach unserem Verständnis wenig dynamische und daher überholte Auffassungen von kulturellem Erbe zugrunde liegen. Ein Schutz vor selbstbestimmter Aneignung und eigenverantwortlich durchgeführten Veränderungen ist aus unserer Sicht nicht der Schutz, den die Garagen benötigen.

Luise Rellensmann und Jens Casper

DDR-Garagen

Sie sind kaum zu übersehen und prägen die Ränder und innerstädtischen Bereiche vieler ostdeutscher Städte und Dörfer: DDR-Garagen. Ab Mitte der 1960er-Jahre zumeist gemeinschaftlich in Eigenleistung und auf volkseigenem Land errichtet, sind die Garagen typischerweise in Reihen zu größeren Komplexen zusammengefasst, die in ihrer Größe von einigen wenigen bis zu vielen Hundert Garagen reichen.

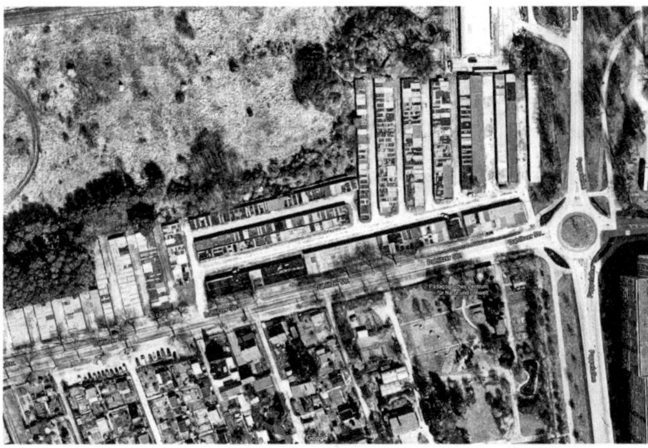

DDR Garagenanlagen zeigen in Luftaufnahmen ein typisches und unverwechselbares Muster, hier eine Garagenanlage in der Nachbarschaft der BTU Cottbus. Google Earth Pro: GeoBasis DE/BKG, GeoContent, Maxar Technologies, Map data @2021 GeoBasis DE/BKG (2009)

Beobachtungen in Cottbus

DDR-Garagenanlagen sind Gruppierungen von eingeschossigen Gebäuden, die in unterschiedlichen Anordnungen große räumliche Komplexe bilden können. Die Anlagen lassen sich in den vielfältigsten städtischen Kontexten finden, vorwiegend aber breiten sie sich an Leerstellen im Stadt- und Ortsgrundriss aus. Sie besetzen Restflächen entlang von Bahntrassen, Hauptverkehrsstraßen oder Kanälen; sie finden sich in der Nähe von Industriegebieten und in Hinterhöfen oder sind in Neubaugebiete integriert und von Wohnblöcken umgeben. Letztere umfassen meist eine kleinere Anzahl von Garagen, während Garagenkomplexe außerhalb von Neubaugebieten sehr viel größer ausfallen können.

Die Erschließung der Anlagen erfolgt direkt über die Verkehrsstraßen oder über davon abzweigende Stichwege. Die Zuwegung innerhalb der Garagenanlagen führt zu den privaten Vorhöfen der jeweiligen Einheiten. Die Qualität dieser Gemeinschaftswege ist von Komplex zu Komplex verschieden; in Cottbus bestehen die Wege meist aus kargem, manchmal geschottertem Sandboden. Die Einfahrten der Garagen sind individuell befestigt, oft sind Betonplatten oder Rasengittersteine verlegt. Die Straßenbeläge des Garagenvorhofs bilden so eine ansonsten unmarkierte Schwelle zwischen öffentlichem und privatem Raum. Einige Garagenanlagen sind von Zäunen umschlossen und mit Toren versehen, damit ausschließlich die Garagenbesitzer*innen das Grundstück betreten können. Es finden sich auch Hybridformen, wie etwa einzeln umzäunte Garagenreihen innerhalb größerer Anlagen.

Der Kern jeder Anlage ist die einzelne Garageneinheit, welche auf den elementaren Gestaltungsprinzipien einer abgeschlossenen Zelle – drei Wände, ein Tor, ein Dach – mit Abmessungen von etwa 3 × 6 × 2,5 Metern basiert. Sie verfügt über genügend Raum für ein Auto in den gängigen Maßen zur Zeit ihrer Errichtung. Diese Grundstruktur addiert sich zu langen Reihen und bildet nach dem Baukastenprinzip ein geometrisches Gefüge. Stets eingeschossig, sind die Strukturen in niedriger Dichte gewachsen. In ihrer flächenhaften Ausdehnung können die Komplexe weit mehr als 500 Garagen zählen.

Üblicherweise sind Garagenreihen auf zwei Arten angeordnet: entweder als Einzelreihe mit einer Rückwand oder als Doppelreihe, in der die Garagen Rücken an Rücken stehen, mit geteilter oder je eigener Rückwand. Die Reihenlängen variieren, ihre Ausrichtung ist an die Zuwegung und die Grundstücksgrenze angepasst. In der Kombination von Einzel- und Doppelreihen verschiedener Länge und Ausrichtung können die Anlagen komplexe städtebauliche Strukturen aufweisen.

Die Garagen zeichnen sich durch eine einfache tektonische Formsprache aus. Ihre Ästhetik ist von einer eher ungeschliffenen Materialpalette und verschiedensten Konstruktionssprachen geprägt. Freistehende Blechgaragen gab es als Bausatz zum Eigenbau zu erwerben. Die im Verein errichteten

Garagen sind in der Regel massiv gebaut. Die Wände bestehen aus Zement und Ziegelsteinen, Gasbetonsteinen oder -platten, Kalksandsteinen, vorfabrizierten Stützen und Platten; die Oberflächen sind meist verputzt. Bei der Konstruktion von Dächern kamen Betonplatten, Hohldielen, Wellblech und Bitumenbeschichtungen zum Einsatz. Variantenreichtum zeigt sich auch in den Dachformen, die flach oder geneigt, als Giebel- oder Schmetterlingsdach ausgeformt sind.

Grobauszug der wichtigsten Materialien

Bezogen auf 10 Garagen

- 13 300 Normalsteine (Ziegelsteine)
  + Anteil Außenwand
- 20 m³ Sand + Kies für Fundamente und Mauern
- 30 m³ Sand für Fußboden und Vorfläche
- 21 Sack Zement für Fundament und Mauern
- 90 " " " Fußboden (5 Sack/Garage) und Außenfläche (4 Sack/Garage)
- 20 Sack Kalk + 1 m³ Hydraulik-Kalk (3 m³ feucht)
- 23 Rollen Dachpappe
- 80 Typenstürze RS 85 oder
  10 Schienen (Maße siehe Zeichnung)
- 10 Tore und 20 Türfestst. (Betonfertigteile)
- 15 Dachplatten 6,0 x 1,80 m bei Querabdeckung zur Einfahrt
  bzw.
  20 Dachplatten wie oben bei Längsabdeckung.

Materialliste für den Bau von 10 Garagen an der Senftenberger Bahn in Cottbus, Quelle: Stadtarchiv Cottbus, BA4656

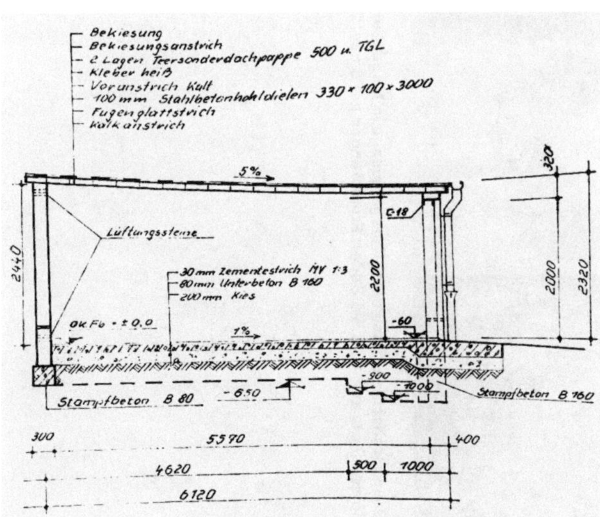

Schnitt durch eine Garage an der Dissencher Straße in Cottbus mit Angabe von Materialien und Abmessungen, Quelle: Stadtarchiv Cottbus, BA9453

Gemeinschaftlicher Bau einer Garagenanlage in Magdeburg.
Screenshots aus: S. G. W. Söder: Erinnerungen auf 8 mm, 2009.

Die Materialien und Konstruktionstechniken variieren von Komplex zu Komplex. Relativ einheitlich konstruiert sind die Anlagen, die im Zuge von Baustelleneinrichtungen in Neubaugebieten errichtet wurden. Sie waren von vornherein zur späteren Umnutzung als Garagen vorgesehen und so geplant, dass ihre Öffnungen später mit Toren verschlossen werden konnten (vgl. Case Study 2, 3, 7). Ansonsten finden sich regelmäßig auch innerhalb einer Anlage verschiedenste Konstruktionstechniken. Zuweilen kamen für den Bau einer einzelnen Garage unterschiedliche Bauweisen und Materialen zum Einsatz. Abbruchmaterial wurde wiederverwendet,[1] Ausschuss aus der Produktion der Plattenbauten verbaut[2] und manche Garagentore nur aus Windbruch gezimmert[3]. Die Tore zeigen sich ebenfalls in vielen Variationen, vom eher seltenen Metallschwingtor bis zum weit verbreiteten hölzernen Flügeltor, versehen mit verschiedensten Farbanstrichen, Beschlägen und Schlössern.

Die meisten Garagen sind an das Stromnetz angeschlossen. Der Verteilerkasten ist entweder im Inneren der Garagen angebracht oder an der Außenfassade, geschützt von Metall- oder Holzkästen. Meist gibt es nur einen einzigen Stromzähler pro Reihe oder Anlage und die Stromkosten werden von den Nutzer*innen geteilt, was bisweilen zu Streitigkeiten führen kann. Die Stromleitungen sind zwischen den Rücken an Rücken errichteten Reihen verlegt. Über kleine Öffnungen in der Rückwand der Garagen erfolgt die Verteilung in die einzelne Box. Manche Garagenanlagen besitzen zusätzlich einen Wasser- oder einen Gasanschluss. In Cottbus nicht sehr verbreitet sind die anderswo für viele Anlagen typischen Aushangkästen der Garagenvereine mit Briefkasten des Garagenvorstands, oft an einem Garagengiebel nahe der Zufahrt zur Anlage angebracht.

Oft sind die Garagenreihen und ihre Einheiten sichtbar nummeriert. In einigen Komplexen finden sich Reparaturstände für Unterbodenarbeiten an Autos und Waschplätze mit Ben-

1 Schreiben der VEB Kommunale Wohnungsbauverwaltung Cottbus an die Staatliche Bauaufsicht Cottbus vom 23.08.1971 mit der Bitte um schnellstmögliche Baugenehmigung, Stadtarchiv der Stadt Cottbus, BA5546.

2 Vgl. Maleschka, Martin: Instagram-Post vom 25.12.2020, https://www.instagram.com/p/CJPFfMQMtf2/ (zuletzt aufgerufen am 6.1.2021).

3 Baugenehmigung 71/68 vom 20.8.1968, Stadtarchiv der Stadt Cottbus, BA4917

zinabscheider, aber auch andere Nutzungen wie Gaststätten, Vereinsheime und Räume für Handwerksbetriebe. Im Innenbereich der Neubaugebiete stehen die Garagen einträchtig neben anderen gemeinschaftlichen Funktionen wie Wiesen mit Wäschestangen und Sandkästen **(Case Study 2, 3, 5)**, Müllhäuschen **(Case Study 2, 5)** oder Altglas- und Altkleidercontainern **(Case Study 7)**.

Zahlreiche Garagenkomplexe wurden sukzessive über viele Jahre errichtet, erweitert und verdichtet. In solchen Komplexen finden sich Garagen in verschiedensten Konstruktionsweisen. Aber auch Anlagen, die einheitlich und in einem Zug errichtet wurden, sind oft mit weiteren Boxen nachverdichtet und um ganze Reihen oder auch nur um einzelne Garagen erweitert worden. Dabei stimmte die tatsächliche Bebauung von größeren, über die Jahre sukzessive errichteten Komplexen nicht immer mit den Plänen und Planungen der Behörden überein. Während der DRR-Zeit musste deshalb die Bebauung der Komplexe gelegentlich bei einer Ortsbegehung mit den Plänen abgeglichen werden, um Erweiterungs- oder Verdichtungsmöglichkeiten aufzuspüren und weitere Standortzuweisungen vornehmen zu können. Neu hinzukommende Garagen sollten in jedem Fall in Bauweise und Farbgestaltung der Tore den schon bestehenden angepasst werden, sodass ein einheitliches Bild gewahrt bleiben würde. Der Selbstbau machte aber informelle Erweiterungen und Anpassungen möglich und so wurden manche Garagen trotzdem abweichend von der vorhandenen Form errichtet. Wurde dies gemeldet, so musste bei einer Ortsbegehung entschieden werden, ob die Abweichungen zu beseitigen waren.[4]

Rund um die Garagen herrscht eine rege Reparaturkultur, die ihren Erhalt sichert. Diese Maßnahmen reichen vom Anbringen neuer Schlösser bis zum Austausch bautechnisch zentraler Elemente. Ausgebessert werden alle Bauteile: Dächer, Stürze, Tore und Schlösser. Die verschiedenen Ausbesserungen und Anpassungen geben der ursprünglich einheitlich-monotonen Architektur ein unverwechselbares Gesicht. Viele Garagen

4 **Schreiben der Staatlichen Bauaufsicht an die Wohnungsverwaltung Süd vom 2.11.1971, Stadtarchiv der Stadt Cottbus, BA5546.**

sind dank kontinuierlicher Unterhaltung und Reparatur durch ihre Nutzer*innen in einem gepflegten Zustand.

Mit unerwarteten Betonplattenmustern, farbenfrohen Anstrichen und einer Vielzahl verschiedener Verriegelungsmechanismen bereichern persönliche Vorlieben der Nutzer*innen den im Grunde generischen Charakter der Anlagen. Ein Beispiel für diese Individualisierungen ist die Befestigung des durch die Autos stark beanspruchten sandigen Untergrunds. Sie erfolgt individuell in heterogenen Ausführungen: Spröde Betonflächen und rissiger Asphalt wechseln sich ab mit Rasengittersteinen und anderen Pflasterungen. Farblich ähnlich, aber abweichend in ihrer Textur bilden sie einen monochrom gemusterten Tep-

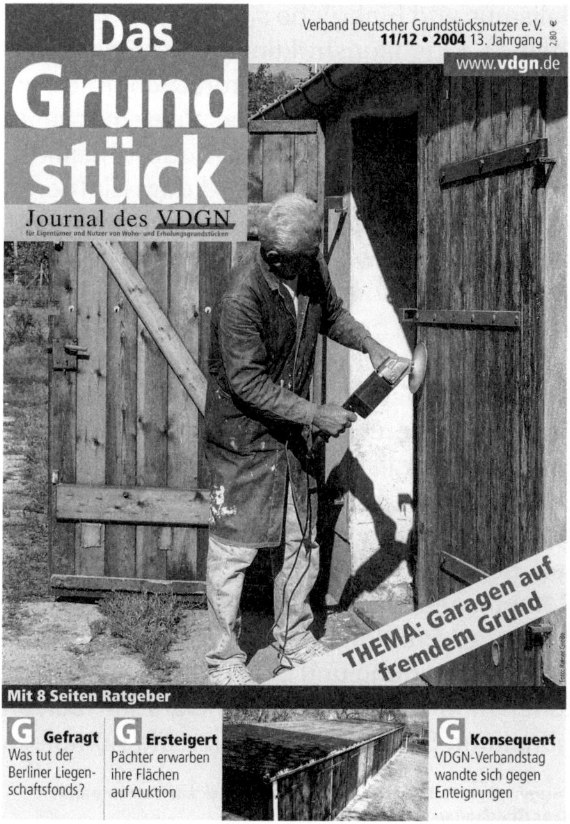

Instandhaltungsarbeiten an einer Garage auf der Titelseite der Verbandszeitschrift des Verbandes Deutscher Grundstücksnutzer 2004, Foto: Rainer Große

pich. Verwilderte Einfahrten, Gestrüpp vor den Garagentoren und fehlende Tore verraten einen Mangel an Nutzung.

Für gewöhnlich liegen Garagenanlagen weit entfernt vom Wohnort ihrer Nutzer*innen. Entsprechend wichtig ist eine gute Anbindung an öffentliche Verkehrsmittel, Fahrrad- und Fußgängerwege. Die Distanzen reichen dabei von wenigen Minuten mit dem Rad bis zu einer halben Stunde Fußweg. Das an einem Garagentor angelehnte Fahrrad ist daher ein häufig anzutreffendes Bild. Bis heute ist das Rad das bevorzugte Verkehrsmittel, um den Weg zwischen Wohnort und Garage zurückzulegen. Nutzer*innen tauschen dieses an der Garage gegen das Auto ein, mit dem sie dann den Weg zu ihrem Zielort fortsetzen.

Fremden wird in den Garagenanlagen misstrauisch begegnet, denn Vandalismus und Einbrüche sind keine Seltenheit. Es finden sich vielfältige Eigenkonstruktionen zur Einbruchsicherung. Viele Garagen verfügen über mehrere Schlösser, andere sind regelrecht zugenagelt. Über den Verschlussmechanismen angebrachte Lappen aus Gummimatten oder Plastikflaschen schützen vor Verwitterung und Rost und dem Einfrieren der Schlösser. Ebenso gibt es die Sorge, dass eine Zweckentfremdung der Garagen entdeckt werden könnte. Manche Tore wurden deshalb mit Vorhängen so modifiziert, dass ein Blick in das Innere der Garage auch bei geöffnetem Tor unmöglich ist.

Heute sind die Garagen für viele gängige Automodelle nicht mehr groß genug. Dennoch gibt es auch in Cottbus nach wie vor eine Nachfrage nach den Garagen. Für innerstädtische Anlagen existieren sogar Wartelisten. Zwei Jahre müssen sich die Interessent*innen mitunter gedulden, ehe eine Garage frei wird. In den Randgebieten der Stadt Cottbus dagegen sind die Nutzungszahlen seit den 1990er-Jahren rückläufig. Wo sich niemand für die Gemeinschaftsanlagen der Komplexe verantwortlich fühlt, kommt es zu Problemen, etwa bei der Stromversorgung, der Abwasserbeseitigung und beim Sauberhalten.[5] In einigen Anlagen stehen mehr als die Hälfte der Garagen leer, an infrastrukturell ungünstigen Standorten verfallen die Komplexe

5 Vgl. Kompalla, Peggy: »Schmellwitzer will Garagen weiter auf Vordermann bringen«, *Lausitzer Rundschau*, 17. März 2019

ganz. Vegetation rund um die Reihen gibt Aufschluss über den Nutzungsgrad der jeweiligen Anlage. Diese verfallenden Garagenlandschaften sind auf ihre eigene Art sehr atmosphärisch.

Ringen um Garagen

In den 1950er-Jahren brach in sozialistischen Gesellschaften – allen voran in der DDR – das Zeitalter der Massenmotorisierung an. 1956 begann die Produktion des Wartburg im VEB Automobilwerk Eisenach, 1957 die Produktion des Trabant durch die VEB Sachsenring Automobilwerke in Zwickau. Insgesamt wurden in über 30 Jahren etwa 1,6 Millionen Automobile der Marke Wartburg und 3,1 Millionen Trabant-Modelle für die 16,5 bis 17 Millionen Einwohner*innen der DDR produziert. Zusätzlich wurden Importe aus der Sowjetunion, der Tschechoslowakei und aus Polen genehmigt. Autos aus nichtsozialistischen Ländern zu importieren war hingegen so gut wie unmöglich – und zudem wenig sinnvoll, da Ersatzteile für West-Fabrikate legal kaum zu beschaffen waren.

Mit Beginn der Massenproduktion waren Autos zwar keine Luxusgüter mehr, dennoch war der Besitz eines solchen ein Privileg.[6] Ihre Verfügbarkeit blieb in der DDR begrenzt; die Automobilproduktion konnte – und sollte – mit der Nachfrage nie mithalten,[7] und so betrug die Wartezeit auf einen Trabant oft mehrere Jahre, wuchs in den 1970er- und 1980er-Jahren sogar auf 10 bis 15 Jahre an. Kürzere Wartezeiten blieben einer begrenzten Personengruppe, wie etwa Funktionär*innen der SED und Mitarbeiter*innen staatlicher Organe, aber auch prominenten Persönlichkeiten, vorbehalten.[8]

Mit dem Besitz von Autos stieg auch die Nachfrage nach Garagen. Da das Auto ein kostbares Gut war, wurde es selten genutzt, um Verschleiß zu vermeiden. Mit dem Auto fuhr man

6 Gatejel, Luminita: »The Common Heritage of the Socialist Car Culture« (2011), in: Siegelbaum, Lewis H (Hrsg.): *The Socialist Car. Automobility in the Eastern Bloc*, Cornell University Press, 2011, S. 143–156, 145.

7 »The shortage of cars was a matter of policy – a policy that derived from Marxist economic and ideological (or, as Jonathan Zatlin has argued with respect to the GDR, moral) impulses.« Siegelbaum, Lewis H.: »On the Side: Car Culture in the USSR, 1960s–1980s«, *Technology and Culture*, Vol. 50, No.1, Jan 2009, S. 1–23, 7.

8 Siegelbaum (2009), S. 5.

nur, wenn es nötig war, sowie an Sonn- und Feiertagen oder in den Urlaub.[9] Zu Zeiten der aufkommenden Autokultur war die zum Auto gehörende Infrastruktur – Werkstätten mit ausgebildeten Mechanikern, Tankstellen, Waschanlagen – kaum existent und auch Ersatzteile waren knapp. Die DDR-Autos hatten im Vergleich mit West-Fabrikaten eine geringere jährliche Laufleistung, erforderten gleichzeitig aber einen höheren Einsatz für Wartung und Reparaturen. Die Knappheit an Autos und Ersatzteilen machte den Besitz einer Garage – einem Ort zum Schutz und zur Wartung und Pflege des Autos – umso bedeutsamer. Der Erhalt einer Zuteilung beziehungsweise der Besitz eines Autos war dabei eine Bedingung für die Zuteilung einer Garage. Die Wartezeit auf eine Garage war damit mitunter genauso lang wie die auf ein Auto.[10]

Um offiziell an eine Garage zu kommen, mussten sich Garageninteressierte in Garagenvereinen oder Garagengemeinschaften zusammenschließen. Die Gemeinschaften hatten meist eine Größe von etwa 10 bis 20 Personen, es gab aber auch kleinere und sehr viel größere Gemeinschaften. Sie bekamen Grundstück und Material sowie manchmal auch Facharbeitskräfte aus Betrieben zugewiesen. Die Garagen wurden dann von den zukünftigen Nutzer*innen im Verein als »Bevölkerungsbauwerke«[11] in Eigenleistung errichtet.[12] Mit Ausnahme der Bauleitung des Vereins, hatten die Erbauer*innen oft keinerlei handwerkliche Qualifikation. In Cottbus organisierten Betriebe

9 »In der DDR [...] war das Automobil in weit stärkerem Maß als im Westen ein Freizeitfahrzeug, das nicht im Alltagsbetrieb verschlissen werden sollte und durfte, sondern bei Urlaubsfahrten und als Transporter in die ›Datsche‹ eingesetzt wurde.« Möser, Kurt: »Thesen zum Pflegen und Reparieren in den Automobilkulturen am Beispiel der DDR«, in: *Technikgeschichte* 79/2012, S. 207–226, hier S. 212; vgl. auch Möser, Kurt: »Autobasteln: Modifying, Maintaining, and Repairing Private Cars in the GDR, 1970–1990«, in: Siegelbaum, Lewis H. (Hrsg.): *The Socialist Car. Automobility in the Eastern Bloc*, Ithaca, NY: Cornell University Press, 2011, S. 157–169, hier S. 164 f.

10 Vgl. Söder, Siegfried: *Erinnerungen auf 8mm: Die Garage in der DDR*, Offener Kanal Magdeburg, veröffentlicht am 21.10.2014. https://www.youtube.com/watch?v=519gwL57h5o (zuletzt aufgerufen am 10.12.2020).

11 »Immer mehr DDR-Garagen droht die Abrissbirne«, MDR-Mediathek. http://www. mdr.de/mediathek/mdr-videos/c/video-116044.html (zuletzt aufgerufen am 17.6.2020).

12 »Zu DDR-Zeiten war eine Garage Gold wert. In der Gemeinschaft schufteten und schwitzten die künftigen Besitzer vielmals beim Bau der begehrten Herbergen für den Trabi oder Wartburg.« Aus: »Was wird aus DDR-Garagen?«, *Sächsische Zeitung*, 1. August 2015.

wie das Heizkraftwerk Cottbus, die VEB Gebäudewirtschaft Cottbus GWC[13] und Arbeiterwohnungsbaugenossenschaften wie die AWG Cottbus die Gemeinschaftsbildung sowie den Bau und Betrieb von Garagen. Die AWG stellte finanzielle Hilfen für den Garagenbau zur Verfügung, während die Genossenschaftsmitglieder die praktische Umsetzung des Garagenbaus übernahmen.[14] Die Materialkosten für den Neubau einer Garage in einer Reihe von 20 Boxen im Komplex an der Senftenberger Bahn wurden 1972 durch den VEB Gebäudewirtschaft Cottbus auf 1450 Mark ohne Transportkosten veranschlagt. Hinzugerechnet wurden im Verein erbrachte Arbeitsleistungen in Höhe von 1200 Mark (300 Stunden à 4 Mark/Stunde).[15]

Der Autobesitz mitsamt Garage war nicht nur Statussymbol, er förderte mit dem Bau der Garagen im Verein auch den Gemeinschaftssinn. Garagenvereine und Garagennutzer*innen bildeten ihre eigene informelle Wirtschaft. Garagennutzer*innen und Autobesitzer*innen unterstützten sich gegenseitig bei der Instandhaltung und Reparatur der Garagen und Autos sowie beim »Beschaffen« von Materialien und Ressourcen wie Beton, Benzin und Ersatzteilen. An letztere zu kommen gestaltete sich dabei oft schwieriger als an die Autos selbst.[16]

Die Vereine ermöglichten Teilhabe und Kontrolle gleichermaßen. Selbsthilfe und Eigenbaupraxis waren in der DDR von wirtschafts- und sozialpolitischer Bedeutung.[17] Dahinter steckte die sozialistische Idee der Übertragung wirtschaftlicher und öffentlicher Aufgaben an einen produktiven Konsumenten. Die sozialistischen Bürger*innen übernahmen bestimmte Tä-

13 In Cottbus besitzt und verwaltet die aus der VEB hervorgegangene Gebäudewirtschaft Cottbus GmbH heute nach eigenen Angaben die meisten noch existierenden DDR-Garagen.

14 Protokoll über die Bildung einer Garagengemeinschaft am 2.5.1978, Stadtarchiv der Stadt Cottbus, BA9555.

15 Kostenübersicht für den Neubau von 20 PKW-Garagen für den VEB Gebäudewirtschaft Cottbus, Stadtarchiv der Stadt Cottbus, BA6146.

16 Siegelbaum (2009), S. 7.

17 »Nach § 266 ZGB-DDR konnten sich Bürger zur Verbesserung ihrer Arbeits- und Lebensbedingungen durch Vertrag zu einer Gemeinschaft zusammenschließen, um durch Arbeitsleistungen und materielle Mittel Einrichtungen und Anlagen für die kollektive und individuelle Nutzung zu schaffen und zu unterhalten. Gemeinschaften im Sinne dieser Bestimmung waren insbesondere die sog. Garagengemeinschaften«. DDR-Ministerium der Justiz, Komm. zum ZGB, § 266 ZGB, https://www.rechtslupe.de/zivilrecht/garagengemeinschaft-336779#identifier_0_36779 (zuletzt aufgerufen 17.6.2020).

tigkeiten in Eigeninitiative[18] und halfen im Fall der Garagen buchstäblich beim Aufbau des Sozialismus.

Mit ansteigender Autoproduktion in den 1970er- und 1980er-Jahren wurden auch vermehrt neue Garagenanlagen errichtet, wobei nun mehr und mehr vorfabrizierte Elemente zum Einsatz kamen – ein Nebeneffekt der vorherrschenden industriellen Bauweisen im Wohnsiedlungsbau. Es wurden Typenbauten aus seriell hergestellten Bauteilen entwickelt, wie etwa der »Typ Dresden« oder der »Typ Knappenrode«. Serienmäßig hergestellte Elemente von Garagenbautypen waren für die Errichtung dieser Normgaragen von Vorteil, da sie den Selbstbau mit geringem Fachwissen und technischem Aufwand erleichterten. Aufgrund ihrer geringen Größe konnten sie relativ leicht zusammengefügt werden. Für manche der vorgefertigten Bauteile war allerdings der Einsatz eines Montagekrans notwendig.

Garagenanlagen wurden meist auf volkseigenem Grund errichtet. Dabei war nicht immer klar, welche Institution tatsächlich für die jeweiligen Grundstücke zuständig war.[19] In der DDR war die Nutzung eines Grundstücks meist nicht an das Grundeigentum geknüpft. Die Nutzung beruhte vielfach lediglich auf einer Nutzungszuweisung, einer formlosen Gestattung oder wurde ohne rechtliche Absicherung einfach durchgeführt. Der Stadtbaudirektor von Cottbus berichtete dem Oberbürgermeister 1966, dass auf einem Grundstück Garagen ganz ohne Genehmigung errichtet wurden. Das Stadtbauamt ließ die »›wilde Bebauung‹ bereinigen« und eine einheitliche Bebauung festlegen.[20]

Mit der deutschen Einheit 1990 wurden die Eigentumsverhältnisse neu organisiert.[21] Zwischenzeitlich zusammenge-

18 »This rather humble leisure occupation was elevated to political-economic importance and, indeed, to an activity relevant for the building of Socialism.« Möser (2011), S. 164.

19 Vgl. Schreiben von Oberbürgermeister Erhard Müller an den Genossen Pilz, Nationale Volksarmee, vom 4. Juli 1979, Stadtarchiv der Stadt Cottbus, BA9931

20 Schreiben des Stadtbaudirektors an den Oberbürgermeister der Stadt Cottbus mit dem Betreff »Vorschlag für den Garagenbau in der Stadt Cottbus« vom 14.05.1966, Stadtarchiv der Stadt Cottbus, BA4919

21 Siehe Gesetz zur Sachenrechtsbereinigung im Beitrittsgebiet (Sachenrechtsbereinigungsgesetz – SachenRBerG) von 1994 sowie Gesetz zur Anpassung schuldrechtlicher Nutzungsverhältnisse an Grundstücken im Beitrittsgebiet (Schuldrechtsanpassungsgesetz – SchuldRAnpG), ebenfalls von 1994.

legte und verstaatlichte Grundstücke wurden wieder geteilt und an ihre ursprünglichen Besitzer*innen oder deren Nachkommenschaft zurückübereignet. Seitdem stehen einige größere Garagenkomplexe sogar auf mehreren Grundstücken mit unterschiedlichen Eigentümerschaften.[22] Um die Pächter*innen von Garagen auf fremdem Grund durch die für sie unvorhergesehene Wiedervereinigung zu schützen, sollten in den 1990er-Jahren die Interessen von Eigentümer*innen und Nutzer*innen in einen gerechten Ausgleich gebracht werden.[23] Allerdings wurde in der Folge davon ausgegangen, dass die überwiegend in den 1960er- und 1970er-Jahren errichteten Garagen bis Mitte der 2000er-Jahre wirtschaftlich so abgenutzt sein würden, dass sie keinem besonderen Schutzbedürfnis mehr unterlägen. Grundstückseigentümer*innen konnten Pachtverträge zwar vorher schon kündigen. Doch seit 2007 dürfen sie kündigen, ohne die Erbauer*innen, die langjährigen Pächter*innen und Unterhalter*innen der Garagen entschädigen zu müssen – und unabhängig davon, ob die Eigentümerschaft die Garagen abreißen, sie selbst weiter nutzen oder zu neuen Konditionen vermieten will.[24] Die Mitglieder der Garagengemeinschaften fühlen sich dadurch enteignet und können überdies auch noch dazu verpflichtet werden, die Hälfte der Kosten für den Abbruch zu tragen, wenn dieser innerhalb eines Jahres nach Besitzübergang vorgenommen wird.[25] Bis heute führt das zu Auseinandersetzungen. Das Ringen um die Garagen ist also noch lange nicht beendet.[26]

22 Wie beispielsweise einer von Cottbus' größten Komplexen, welcher 900 Garageneinheiten umfasst. Dort sind die Grundstücke auf unterschiedliche Anspruchsberechtigte verteilt.; Siegfried Söder berichtet von einer Anlage, die sich demnach auf drei Flurstücken mit unterschiedlichen Eigentümer*innen befand. Vgl. Söder (2014)

23 Schuldrechtsanpassungsgesetz – SchuldRAnpG vom 21.09.1994; nach der Wiedervereinigung fiel den Garagenvereinen auch die Aufgabe zu, Pacht- und Nutzungsverträge mit neuen Grundstückseigentümern auszuhandeln.

24 »Seit 1. Januar 2007 ist es der Stadt gestattet, Garagen auf städtischen Grundstücken entschädigungslos abreißen zu lassen und die Flächen selbst in Anspruch zu nehmen.« Aus: »Garagenkomplex als Mülldeponie«, *Lausitzer Rundschau*, 3. Juni 2014.

25 »Die Zukunft von Garagenflächen ab 1. Januar 2007. Schuldrechtsanpassungsgesetzt – Antwort auf Leserfragen«. *Neues Deutschland*, 6. Dezember 2006. https://www.neues-deutschland.de/artikel/101584.die-zukunft-von-garagenflaechen-ab-januar.html (zuletzt aufgerufen am 31.3.2021).

26 Staudt, Thomas: »Warum das Ringen um die DDR-Garagen nicht enden will«, *Sächsische Zeitung*, 2. April 2016.

Es existieren keine Statistiken, in denen die Gesamtanzahl der existierenden DDR-Garagen erfasst ist. 2006 wurde allein der Bestand an Eigentumsgaragen auf fremdem Grund und Boden auf mindestens eine halbe Million[27] beziehungsweise 500'000 bis 900'000 geschätzt[28]. Allein in Cottbus fanden sich 2017 mindestens 55 Garagenanlagen unterschiedlicher Größe. Mancherorts werden die oft nicht mehr als Einstellplatz für Kraftfahrzeuge genutzten Bauten offiziell umgewidmet, umgenutzt und transformiert[29], andernorts verkommen sie zu verrammelten Abstellkammern und Müllgräbern. In immobilienwirtschaftlich attraktiver Lage dienen die mit Garagen bebauten Flächen der städtebaulichen Nachverdichtung – die Garagen werden als »Schandfleck« im Namen der Stadtbildpflege abgerissen[30] und die Grundstücke mit Wohnhäusern und anderen Neubauten bebaut (Case Study 2). Vereinzelt werden die Boxen mit Trabi-Maß durch größere, SUV-taugliche Abstellräume ersetzt. An Stadträndern hingegen werden ungenutzte Komplexe zurück in die Brachen verwandelt, auf denen sie einst errichtet wurden und manche Standorte sind für die Aufforstung vorgesehen.[31]

An sich sind die Garagen banale Bauwerke, die ursprünglich der reinen Unterbringung und Wartung von Autos dienten. Sie waren kein Bestandteil der großen sozialistischen Stadtplanungen und spielen in architektonischen oder denkmalpflegerischen Betrachtungen bis heute keine Rolle. Jedoch spiegeln sich in ihnen die alltäglichen Lebensbedingungen im

27 Laut des Verbandes Deutscher Grundstücksnutzer (VDGN). Vgl. Bartsch, Michael: »Abschied von der Ostgarage droht«, *taz*, 21. November 2006, S. 7. https://taz.de/Abschied-von-der-Ostgarage-droht/!317216/ (zuletzt aufgerufen am 31.3.2021).

28 Vgl. Beleites, Eckhardt / von Dabrowski, Horst / Diemer, Dieter / Henkel, Dr. Klaus-Joachim: *VDGN – Ratgeber. Die Chancen nutzen – Was Garageneigentümer auch nach dem 1. Januar 2007 erreichen können*, hrsg. vom Verband Deutscher Grundstücksnutzer e.V. VDGN, 2. Auflage, Berlin, 2007, S. 3.

29 In Görlitz wurden leerstehende Garagen zu einem Hostel umgebaut – im Garagenhostel Kühlhaus Görlitz kann man seit Sommer 2020 übernachten. Vgl. www.kuehlhaus-goerlitz.de/uebernachten/garagenhostel (zuletzt aufgerufen am 10.12.2020).

30 Vgl. Preikschat, Daniel: »Calauer mögen ihre Garagen«, *Lausitzer Rundschau*, 14. März 2018.

31 Vgl. Kompalla, Peggy: »Schmellwitzer will Garagen weiter auf Vordermann bringen«, *Lausitzer Rundschau*, 17. März 2019.

Osten Deutschlands sowohl vor wie auch nach der Wiedervereinigung in unvergleichlicher Weise. Als gemeinschaftliche Bauprojekte wurden sie zu einem wichtigen Bestandteil des ostdeutschen Alltagslebens. Durch den Bau von Garagen formten sich Zusammenschlüsse, die durch die Begegnungen in den Anlagen über viele Jahre gefestigt wurden. In den wärmeren Monaten werden in den Garagenanlagen noch heute gemeinsame Grillabende veranstaltet. Über ihre Rolle bei der Errichtung der Anlagen hinausgehend, sind Garagenvereine im Wesentlichen für die kontinuierliche gemeinschaftliche Instandhaltung der Anlagen verantwortlich – und das bis heute.[32] Die Vereinsaktivitäten waren dabei zu unterschiedlichen Zeiten verschieden stark ausgeprägt. Während der Planung gab es regelmäßige Sitzungen, der Bau erfolgte in der Freizeit, nach Fertigstellung standen neben Arbeitseinsätzen, sogenannten Subbotniks, etwa zum Unkraut jäten, auch Jahresversammlungen und regelmäßige gemeinsame Feiern an. Nach der Wende ließen gemeinschaftliche Aktivitäten innerhalb der Vereine häufig nach. Mancherorts wird heute für eine Wiederbelebung des Gemeinschaftscharakters der Garagenanlagen gekämpft.

Eine männerdominierte Autokultur machte die Garagen zu »Orten für Männerfreundschaften«.[33] Garagen werden oft als exklusiv männliche, archaische Orte beschrieben.[34] Die »freizeitbezogene Gruppenbildung« führte zur »Stabilisierung von Geschlechterverhältnissen, von denen die DDR-Führung allerdings meinte, sie sei durch die verstärkte Integration von Frauen in die technischen Berufe überwunden«.[35] Waren Frauen und Männer im Sozialismus offiziell gleichberechtigt, so war die Arbeit im Haushalt trotzdem den Frauen vorbehalten. Aus einer anderen Perspektive gesehen, waren Männer in Haushalt und Wohnung aber ohnehin nur im Weg.[36] Waren die Frauen also mit

32 Vgl. *Amtsblatt Cottbus*, Nr. 6, 3. Juni 2006, S. 5.
33 Siegelbaum (2009), S. 3.
34 Vgl. Kobrin, Kiril: »Landscape of the Soviet Garage World: History, Gender and Art«, in: Neiburga, Katrina / Eglitis, Andris (Hrsg.): *ARMPIT*. Latvian Pavilion. The 56th International Art Exhibition – La Biennale di Venezia. Catalogue, Rīga: The Latvian Centre for Contemporary Art, 2015, S. 84–95, hier S. 91 ff.
35 Möser (2012), S. 214.
36 Vgl. Kobrin (2015), S. 88 ff.

Haushalt und Beruf beschäftigt, so wurde die Arbeit in den Garagengemeinschaften dann meist von Männern verrichtet.[37, 38]

Am Ende war in Bau und Unterhaltung der Garagen sowie Pflege und Reparatur der Autos aber doch die ganze Familie involviert. Kinder verbrachten in den Anlagen ihre Wochenenden[39]; »Garagen [...] dienten als alternative Wohnzimmer«[40] und als »zusätzlicher privater Raum«. Wie Datschen waren sie oft Teil einer DDR-Haushaltsführung[41], vor allem bei denjenigen, die in Plattenbauten gezogen waren, denn sie boten eine räumliche Ergänzung zu den kleinen Neubauwohnungen – oft ohne Keller oder Dachboden – und einen abgelegenen Rückzugsort, der eine gewisse Anonymität garantierte. In einer Gesellschaft, in der das Reparieren und Wiederverwenden Alltag war, kam es wenig überraschend zu Vorratshaltung und dem Lagern von Ersatzteilen in den Garagen. Sie waren und sind beliebte Lagerräume[42] – ein wenig wie Schatzkisten –, und die Besitzer*innen lüften nur ungern das Geheimnis ihres Inhalts. Davon erzählen etwa Klingelanlagen an verschlossenen Garagentoren sowie Vorhänge, die Regalwände vor neugierigen Blicken schützen oder den Blick in die Garage ganz unmöglich machen. Ebenfalls häufig anzutreffende Anpassungen sind die Innendämmung der Holztore mit Styropor und Filz und eine eingezogene Ebene für die Ablage von Reifen und anderen Dingen über dem Tor.

37 Vgl. Miosga, Margot: »Garagenvereine in der DDR«, 2020, Minute 2:44; Radiofeature in der Reihe »Märkische Wandlungen«, rbb kultur des Rundfunk Berlin-Brandenburg, ausgestrahlt am 14.01.2020, 22:04 Uhr.

38 Der lettische Beitrag auf der Kunstbiennale in Venedig 2015 setzte sich auf fast polemische Art mit Genderfragen in lettischen Garagenanlagen auseinander, auch der Titel *Armpit* spielt darauf an: Männer entkommen dem Ärger mit ihren Frauen in den Garagen, Frauen hat man nur in Garagenanlagen, um »ein bisschen Spaß zu haben«. Neiburga/Eglitis (2015), S. 71.

39 Kinder verbringen ihre Ferien hier und helfen beim Bau der Garage. Vgl. Söder (2014); Lutz Seiler spricht von einer »Garagenkindheit«, vgl. Seiler, Lutz: *Stern 111*, Berlin: Suhrkamp, 2020, S. 120.

40 Siegelbaum (2009), S. 18.

41 Miosga (2020).

42 Möser (2012), S. 220.

43 So machte sich zum Beispiel die neonazistische Terrorgruppierung NSU die Abgelegenheit der Garagenanlagen zunutze und baute in den 1990er-Jahren in einer eigens angemieteten Garage in Jena unter Einsatz des Sprengstoffs TNT Rohrbomben, die allerdings nicht zündfähig waren. Nachdem die Bombenwerkstatt im Januar 1998 entdeckt wurde, tauchten die Terroristen ab.

Mitunter machten sich Kriminelle und Terroristen die Abgelegenheit und Anonymität der Garagenanlagen zunutze[43]; DDR-Garagen sind aber auch Orte für Improvisation und Innovation. Konstruktive Erfindungen und Basteleien wurden in der DDR oft »aus der Not heraus geboren«; mit ihnen entwickelten sich die Garagenkomplexe zu Kompetenzzentren einer technischen »Kreativität ›von unten‹«[44]. Der Schiffselektroniker Walter Gerber funktionierte in den späten 1970er-Jahren eine Garage am Kringelgraben in Rostock in eine kleine Werft um, installierte ein Tauchbecken und baute dort ein Ein-Mann-U-Boot aus Gips und Polyester, mit dem er über die Ostsee aus der DDR fliehen wollte. Zwei Fluchtversuche scheiterten 1980, Gerber wurde verhaftet und wegen mehrfach versuchter Republikflucht zu einer Freiheitsstrafe von vier Jahren und sechs Monaten verurteilt, von denen er vier Jahre in der Strafvollzugsanstalt Cottbus verbrachte.[45]

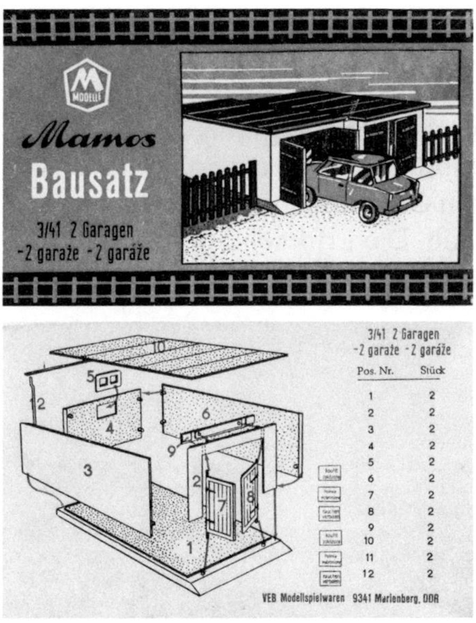

Bausatz für das Modell einer kleinen Garagenanlage.
Foto: Luise Rellensmann

44 Möser (2012), S. 207.
45 Lingnau, Bert: »Mit dem U-Boot durch die Ostsee. Die misslungene Flucht des Walter Gerber.«, Radiofeature, NDR Geschichte, 03.10.2001, abrufbar unter: https://www.ndr.de/geschichte/grenzenlos/audio11452.html (zuletzt aufgerufen am 12.7.2021).

Bis heute sind die Garagen ein Experimentierfeld: Schrauber*innen und Oldtimerfreaks, Hobbyfunker*innen oder Musikbands ziehen sich hierhin zurück. Viele der Garagen sind immer noch im Besitz ihrer ursprünglichen Nutzer*innen. Die Identifikation mit den selbst errichteten Garagen ist hoch. Auf Ebay bieten Verkäufer*innen Original-DDR-Normgaragenteile wie Torverriegelungen oder Federhaken für Schwingtore, preisen »Garagenfunde« an, darunter Dieselheizungen von sirokko, Motorradhelme von Pneumant oder Ersatzteile für Simson oder Trabant. Sie versteigern Paraphernalien wie historische Fotos oder DDR-Garagenbausätze für die Modelleisenbahn.

Die Garagenanlagen befinden sich meist weder in einem einheitlich renovierten, noch in einem unveränderten »Originalzustand«. Sie sind nicht aufwendig saniert und auch nicht unter Wärmedämmverbundsystemen versteckt worden. Vielmehr sind Garagenanlagen ein Patchwork aus gemeinschaftlich bauzeitlichen und individuell hinzugefügten Bauteilen. In ihren Materialitäten sind die Veränderungen von Materialverfügbarkeiten über die Jahre ablesbar. Sie wirken authentisch als Monumente einer vergangenen Epoche, wie Zeugnisse einer Gesellschaft in der Transformation der sozialen Bedingungen, der verdichteten Geschichte und der kulturellen Werte, die seit der zweiten Hälfte des 20. Jahrhunderts in Ostdeutschland herrschten und deren Wirkung bis heute anhält. Die Erforschung der DDR-Garagen als eigenständige architektonische Typologie nimmt hiermit ihren Anfang.

Foto-Essay

Martin Maleschka

162

17
064
17
065

Beobachtungen in Cottbus

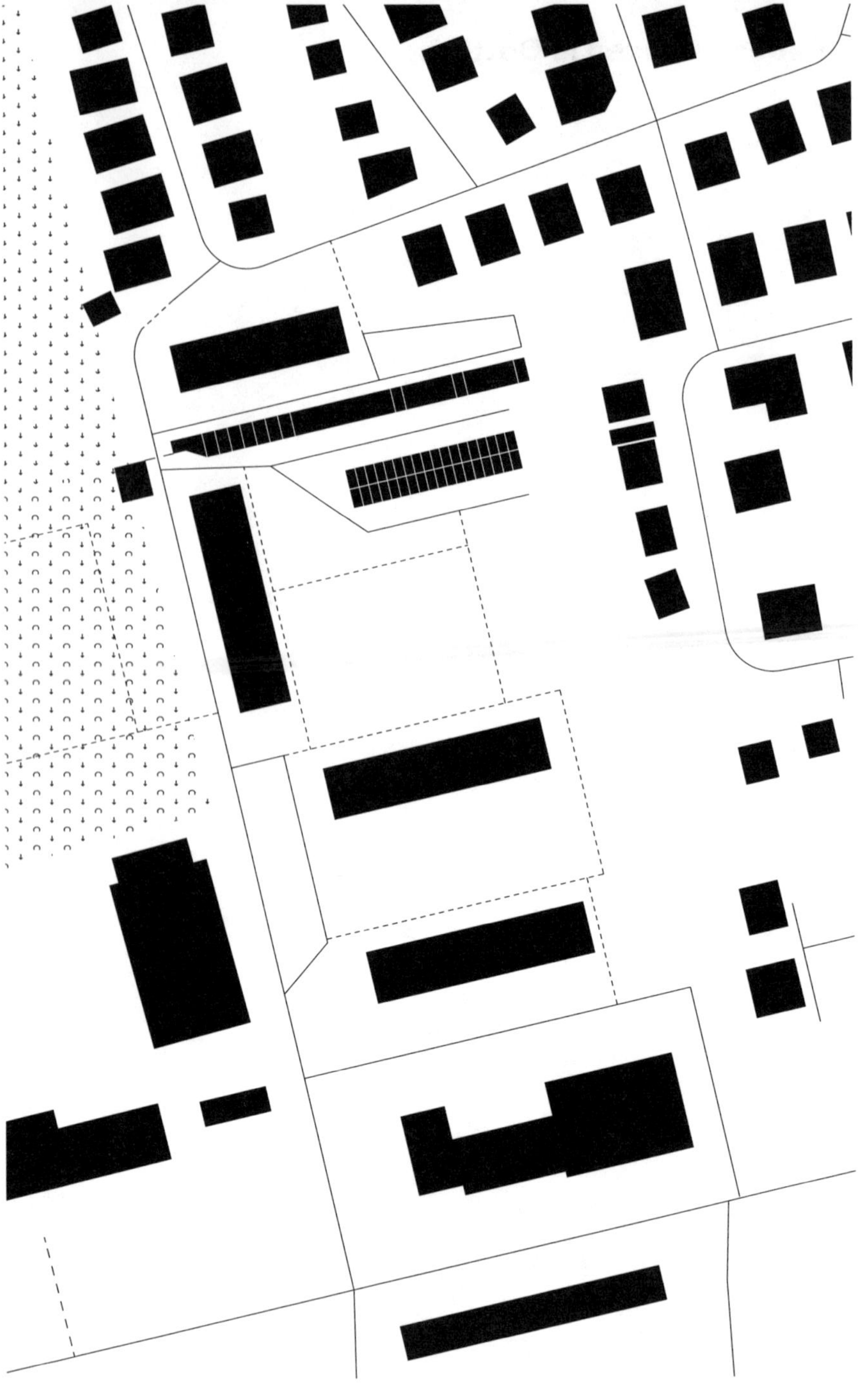

Case Study 1

47 Garagen

Am Nordrand, 03044 Cottbus

Zwei Wohnplattenbauten, ein kürzlich saniertes Bürogebäude sowie diverse Einfamilienhäuser umgeben diesen Garagenkomplex in Neu-Schmellwitz im Norden von Cottbus. Die Eigenheimgrundstücke entstanden nach dem Abriss der ehemaligen Cottbusser Stasi-Zentrale mit 200 Garagen ab Ende 2013. Das hier betrachtete Garagenkonglomerat umfasst 47 Einheiten, bestehend aus einer zweihüftigen, den Wohnplattenbauten zugeordneten Anlage und einer von dieser abgewandten einhüftigen Anlage. Die Garagen und ihre Zufahrten sind von den Eigenheimen fein säuberlich abgetrennt.

Die Doppelreihe mit ihren 36 Boxen – 32 davon in den 1970er-Jahren erbaut, vier weitere Anfang der 1990er-Jahre – steht auf freier Fläche. Ihre geschotterten Zufahrten sind in den kurz gemähten Rasen eingebettet, der zwischen den Wohnbauten angelegt wurde und auf dem auch Wäsche zum Trocknen aufgehängt wird. Die Bauweisen der zu unterschiedlichen Zeiten errichteten Einheiten unterscheiden sich hauptsächlich in der Materialität der einheitlich gestrichenen Tore. Die älteren Garagentore sind aus Holz gefertigt, die neueren aus Metall. Die Höhen des leicht ansteigenden Geländes werden in einer höhenversetzten Anordnung der Garagentore aufgenommen.

Die einhüftige Anlage ist lang gestreckt und ebenso wie das Bürogebäude ein Relikt des Stasikomplexes. Erreichbar ist sie durch ein mit einer DDR-Straßenleuchte bekröntes Tor mit einem kioskähnlichem Wachhäuschen. Hier findet sich neben ehemaligen Handwerkergaragen und Werkstatträumen mit integrierten Garagenboxen seit 1993 auch die Bauernstube – eine Kneipe, welche die Räume der ehemaligen Teestube nutzt. Nach Auskunft von A., einem Nutzer der Garagen, werden weitere Räume durch die im Untergeschoss des Bürogebäudes befindliche Kita Wonneproppen als Lager genutzt.

Bauernstube
Bahnhof

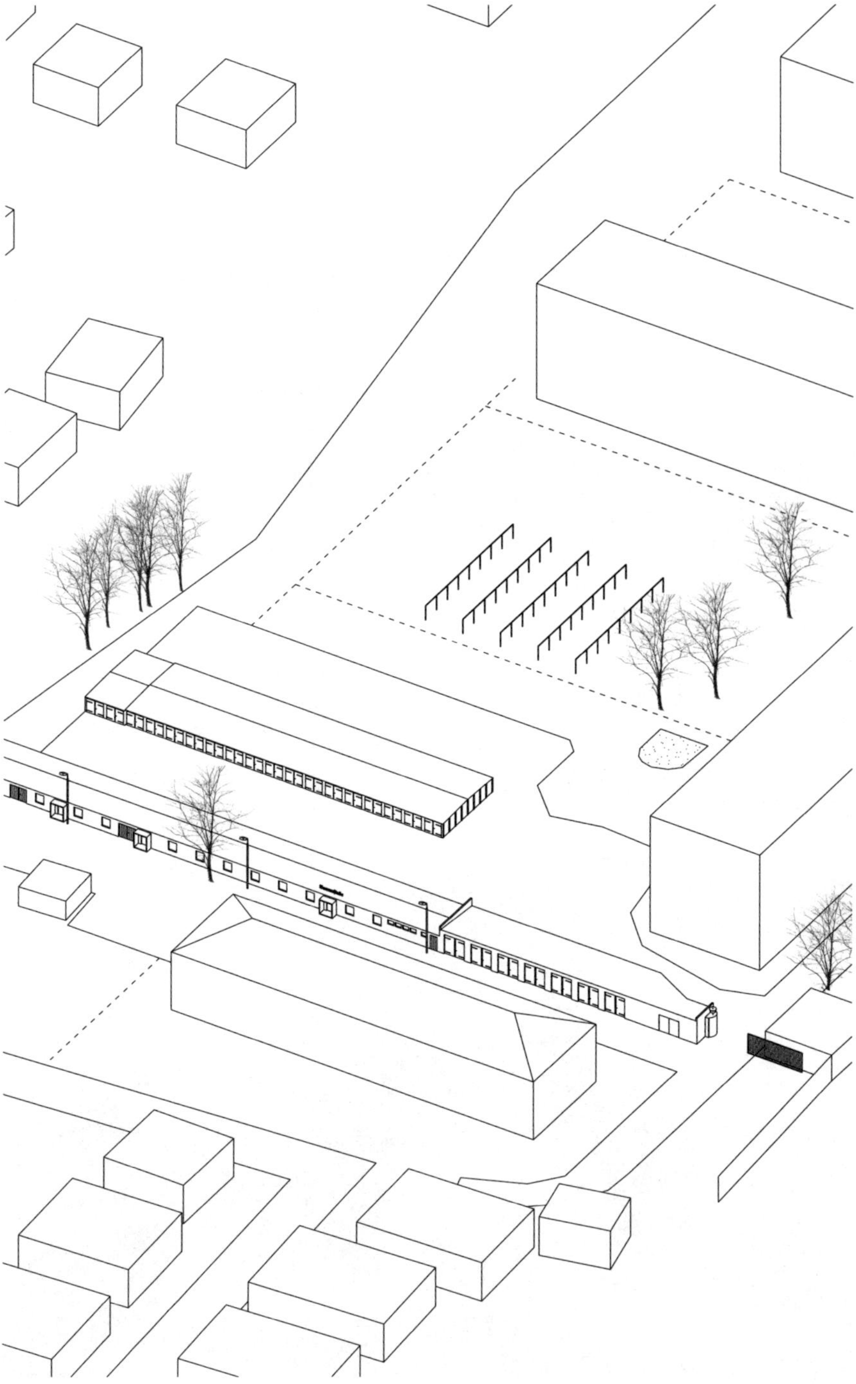

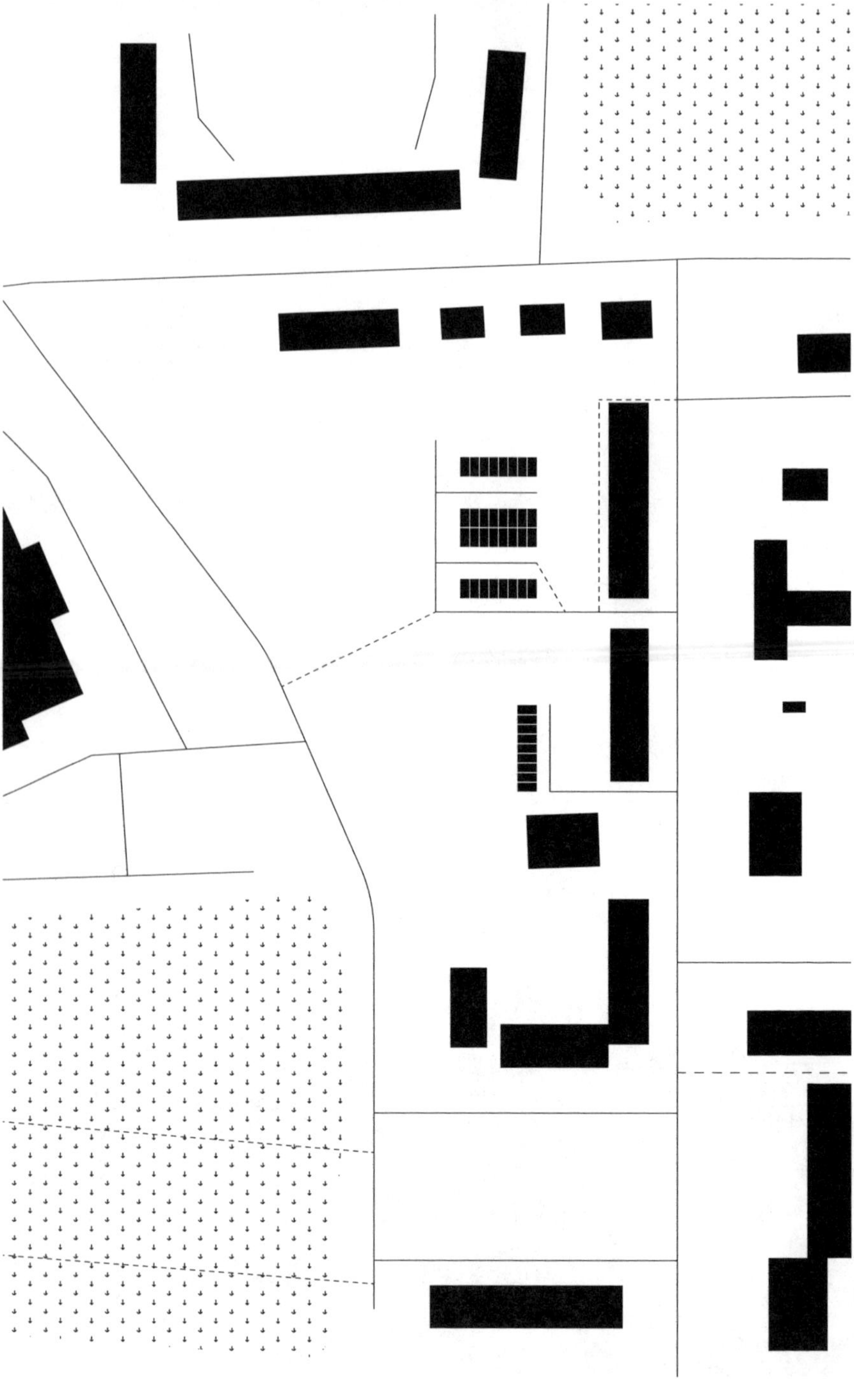

Case Study 2

32 Garagen

Sielower Straße, 03044 Cottbus

Dieser Komplex befand sich in einem ruhigen Stadtviertel, nördlich der Cottbuser Innenstadt und unweit des Campus der Brandenburgischen Technischen Universität. Die Umgebung wurde vor 1914 bebaut und ist geprägt von baumgesäumten Straßen, Bildungsgebäuden wie etwa dem Niedersorbischen Gymnasium sowie villenartigen Wohngebäuden, darunter auch eine Landhausvilla des Berliner Architekten Hermann Muthesius von 1910.

Die ersten 24 Garagen des Komplexes wurden im Zuge der Baustelleneinrichtung für einen Wohnungsneubau errichtet. 1978 ergänzten Genossenschaftler der Wohnungsbaugenossenschaft AWG Cottbus die Anlage um acht weitere Garagen. Der Komplex unterschied sich 2017 von allen anderen Anlagen dieser Untersuchung durch seinen bemerkenswert guten und einheitlichen Erhaltungszustand. Es gab innerhalb der gesamten Materialstruktur des Komplexes nur geringe Veränderungen und Varianz, einzig die Vorplätze der Garagen waren jeweils individuell gepflastert. Mittlerweile wurden die 32 Garagen abgerissen und an ihrer Stelle ein Wohnhaus errichtet. Auf dem Nachbargrundstück hinter einem Wohnhaus aus der Zwischenkriegszeit stehen allerdings noch immer neun Garagen.

GWG
148

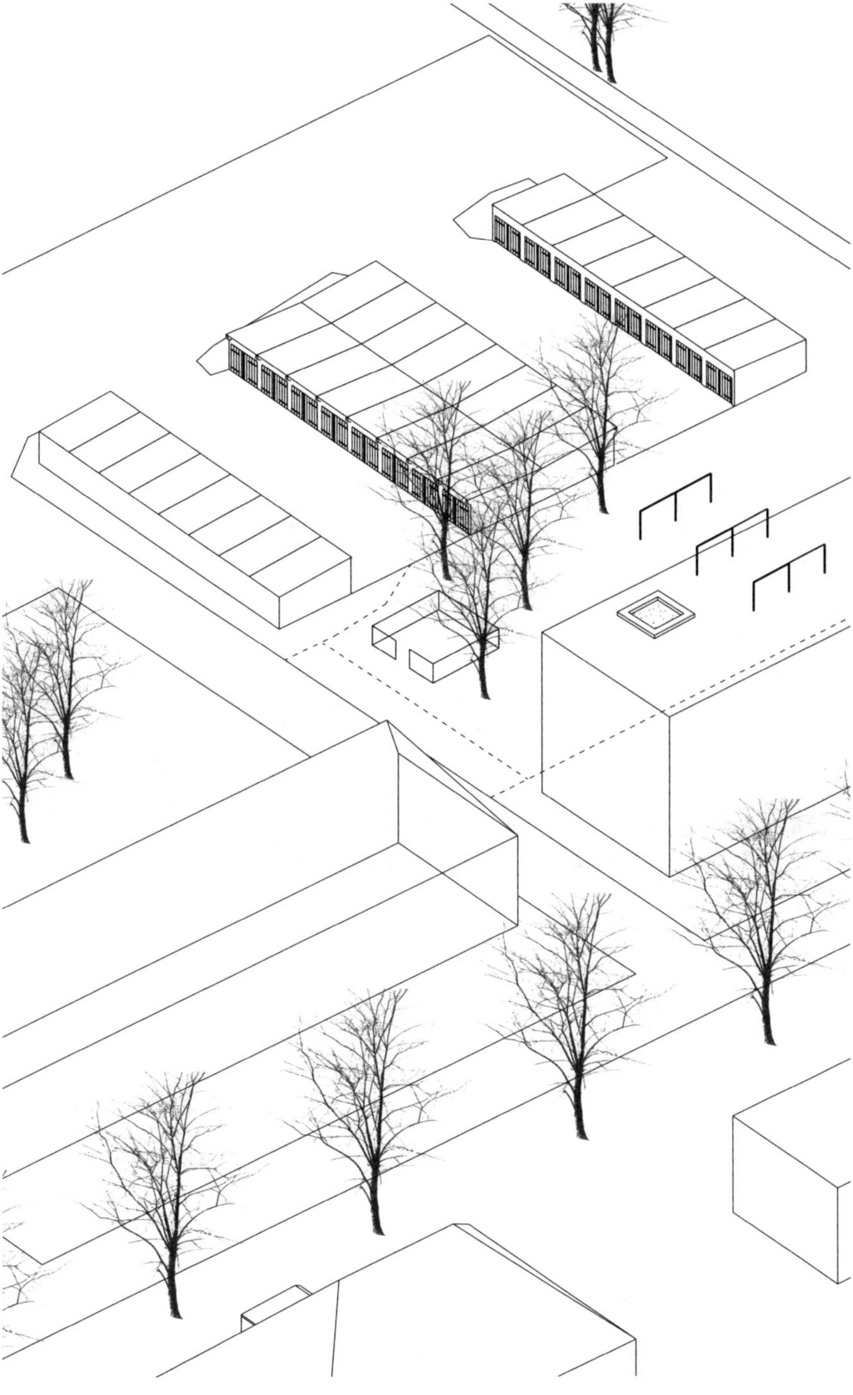

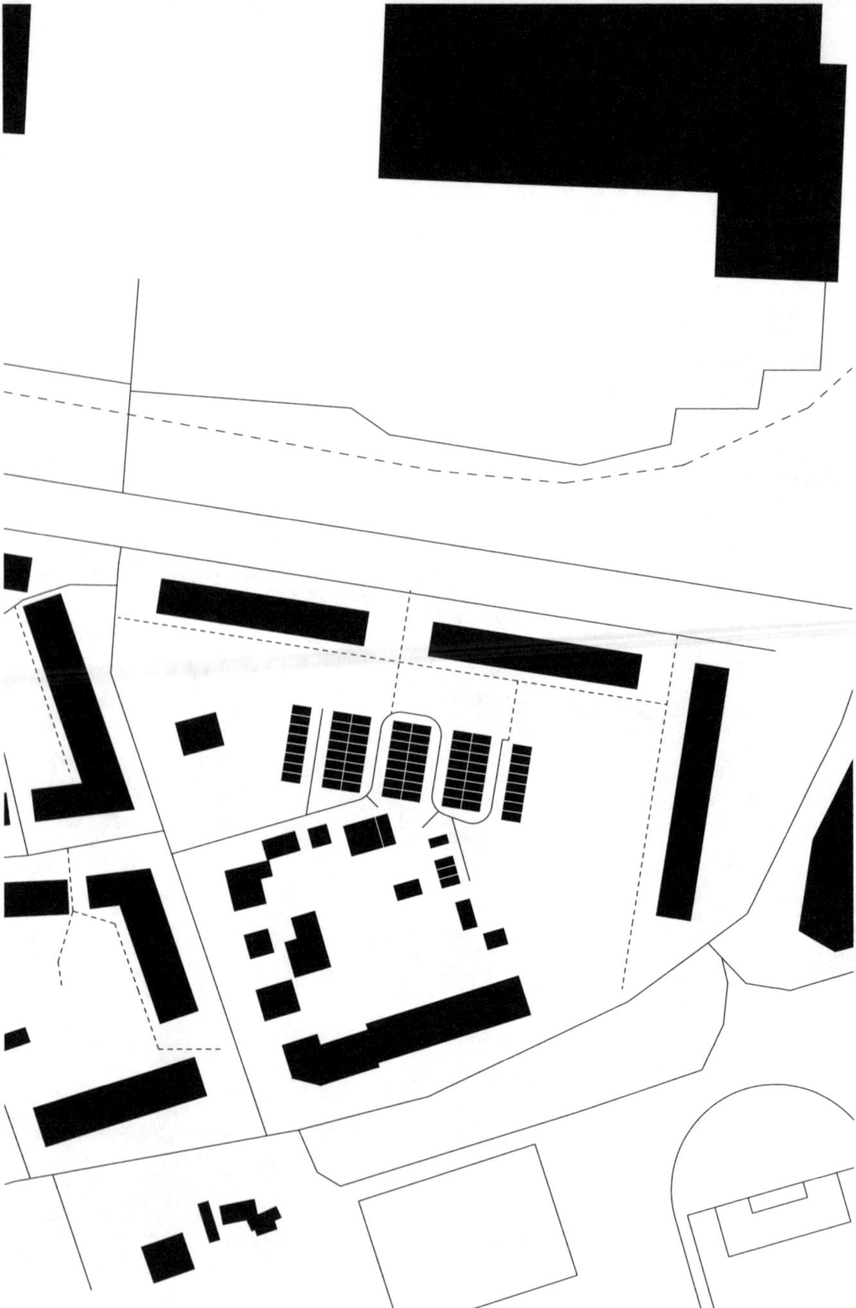

Case Study 3

64 Garagen

Körner-straße, 03044 Cottbus

Der Garagenkomplex Körnerstraße in Schmellwitz nördlich der Innenstadt liegt eingebettet zwischen großmaßstäblichen Wohnplattenbauten sowie Ein- und Mehrfamilienhäusern. Zwei Einzelreihen mit je acht Einheiten und drei Doppelreihen mit je 16 Einheiten bilden den Komplex aus insgesamt 64 Garagen. Die letzten acht Garagen sind von der VEB Gebäudewirtschaft 1972 nach »Typenentwurf SVB – Nr.315.321 unter Berücksichtigung der vorhandenen Baustoffe« errichtet worden. Die Sheddächer der Einzelreihen bilden in der Spiegelung zur Doppelreihe Schmetterlingsdächer aus. Über die unbefestigte Zuwegung der Anlage werden außerdem ein kürzlich errichtetes Einfamilienhaus, ein eingefriedetes Doppelcarport, ein Schwimmbecken und einige Garagen auf abgezäunten Privatgrundstücken angefahren.

Ein Fahrrad steht neben einem offenen Garagentor. In der seit 2006 für 25 Euro monatlich angemieteten Garage stehen ein Dnepr 75, eine Yamaha XS 900 und ein Mofa Simson SL1 in Rot. Das erste Mofa des Fahrzeugherstellers Simson war in den 1970er-Jahren in zwei Farben erhältlich – Rot und Blau.

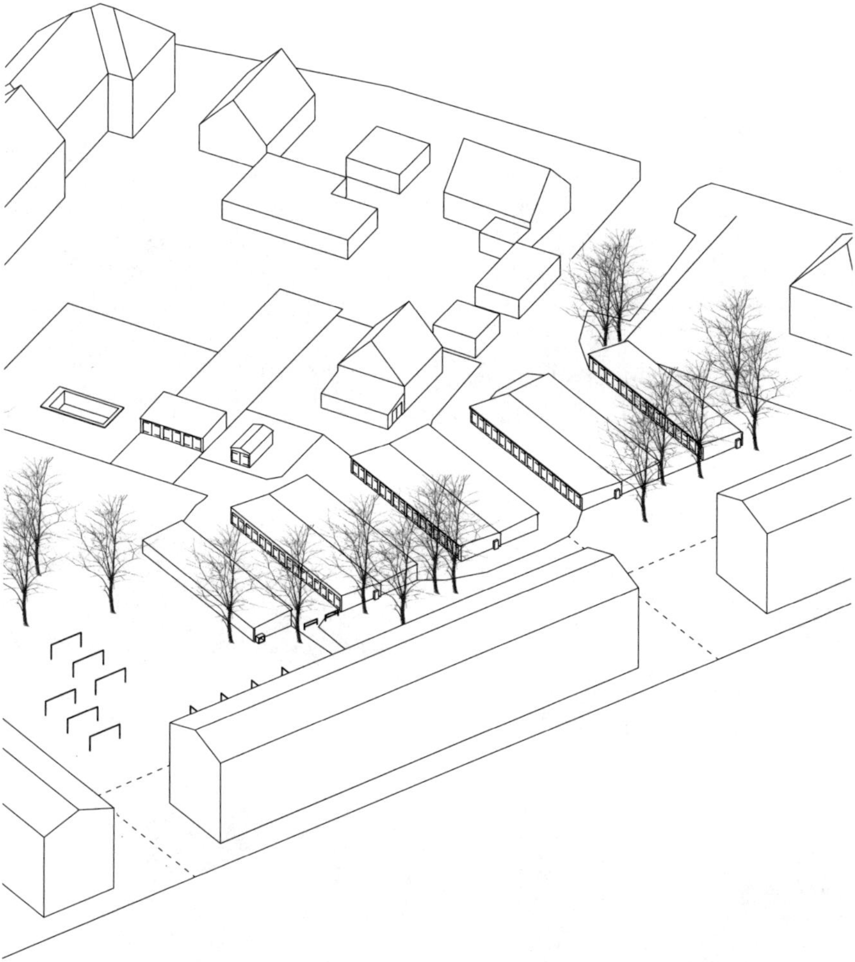

Kawasaki
Kawasaki
Innovatives Design.
Atemberaubende Performance.
MOTO GUZZI
BREVA
GRISO 8V
AUSREICHEND MODERNE AMERIKANISCHE
MUSKELKRAFT
UM ZWEI MOTORRÄDER
ZU INSPIRIEREN

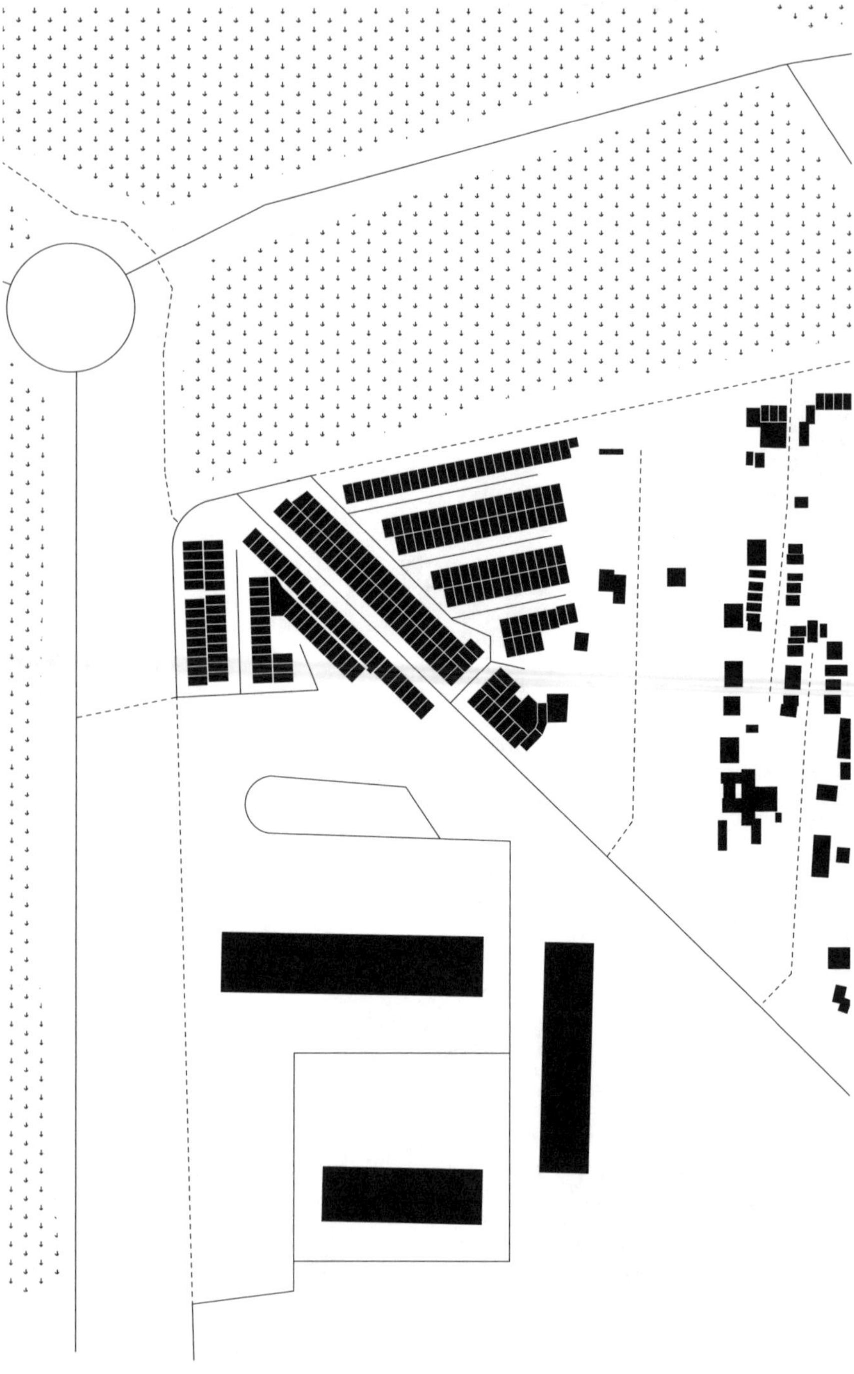

Case Study 4

245 Garagen

Jamlitzer Straße, 03046 Cottbus

245 Garagen befinden sich auf diesem Restgrundstück unweit vom Universitätscampus am nordwestlichen Stadtrand. Sie stehen zwischen einer Kleingartenanlage, dem ehemaligen, zu DDR-Zeiten durch die Nationale Volksarmee NVA militärisch genutzten Flugplatz Cottbus-Nord und einem Kreisverkehr. Stacheldraht bekrönt auch die mehr als garagenhohe Mauer zum Nachbargrundstück, auf dem Wachtürme stehen. Nutzer*innen erreichen die Anlage über die alte Zufahrtsstraße, über einen informellen Stichweg direkt von der Hauptverkehrsstraße sowie über einen entlang der Straße erweiterten Radweg.

Aus einer Garage hört man Schleifgeräusche. Ein Fotograf nutzt das Morgenlicht und hält den morbiden Charme der verschachtelten Garagenreihen in Bildern fest. Eine Joggerin durchquert die Anlage auf dem brüchigen Asphalt der Zufahrtsstraße.

Der gesamte Komplex besteht aus 11 Reihen, die zu verschiedenen Zeiten und in verschiedenen Ausrichtungen gebaut wurden. Die zahlenmäßig größte Erweiterung um 138 Garagenboxen erfolgte in den späten 1970er-Jahren. Zugestimmt wurde dem Bau von der benachbarten NVA unter der Bedingung, dass »mindestens 20 Garagenplätze für Angehörige der NVA zur Verfügung gestellt werden«.[1] 12 verschiedene Garagengemeinschaften mit jeweils eigener Bauleitung errichteten die ergänzenden Einheiten. Bis 1982 folgte der Bau von etwa 50 weiteren Garagen.

Einige der Garagen innerhalb des Komplexes sind separat eingezäunt, die Zäune mit Stacheldraht versehen. An einer Garage hinter Stacheldraht hängt ein Briefkasten. Zwischen den Garagen findet sich ein informeller Bau, in dem ein Schiffsrumpf aufgebockt ist. Unverputzte Wände zeigen Mischkonstruktionen aus Betonsteinen und Ziegelmauerwerk, rostrote Farbe blättert von den Holztoren, Gestrüppinseln wuchern vor einzelnen Boxen und verraten deren mangelnde Nutzung. Hier und da fehlen Dächer, Wände oder gar ganze Garagen. Alte Autoreifen oder Müllsäcke liegen in den Zwischenräumen. Viele Garagen sind regelrecht verbarrikadiert, in das Holz der Tore gebohrte Metallbeschläge oder quer über deren Flügel genagelte Holzlatten sichern Schrott und Schätze dahinter für unbestimmte Zeit.

1 **Schreiben der Nationalen Volksarmee, Dienststelle Cottbus, an den Rat der Stadt Cottbus, Abt. Gebäudewirtschaft, vom 9.10.1978, Stadtarchiv der Stadt Cottbus, BA9931**

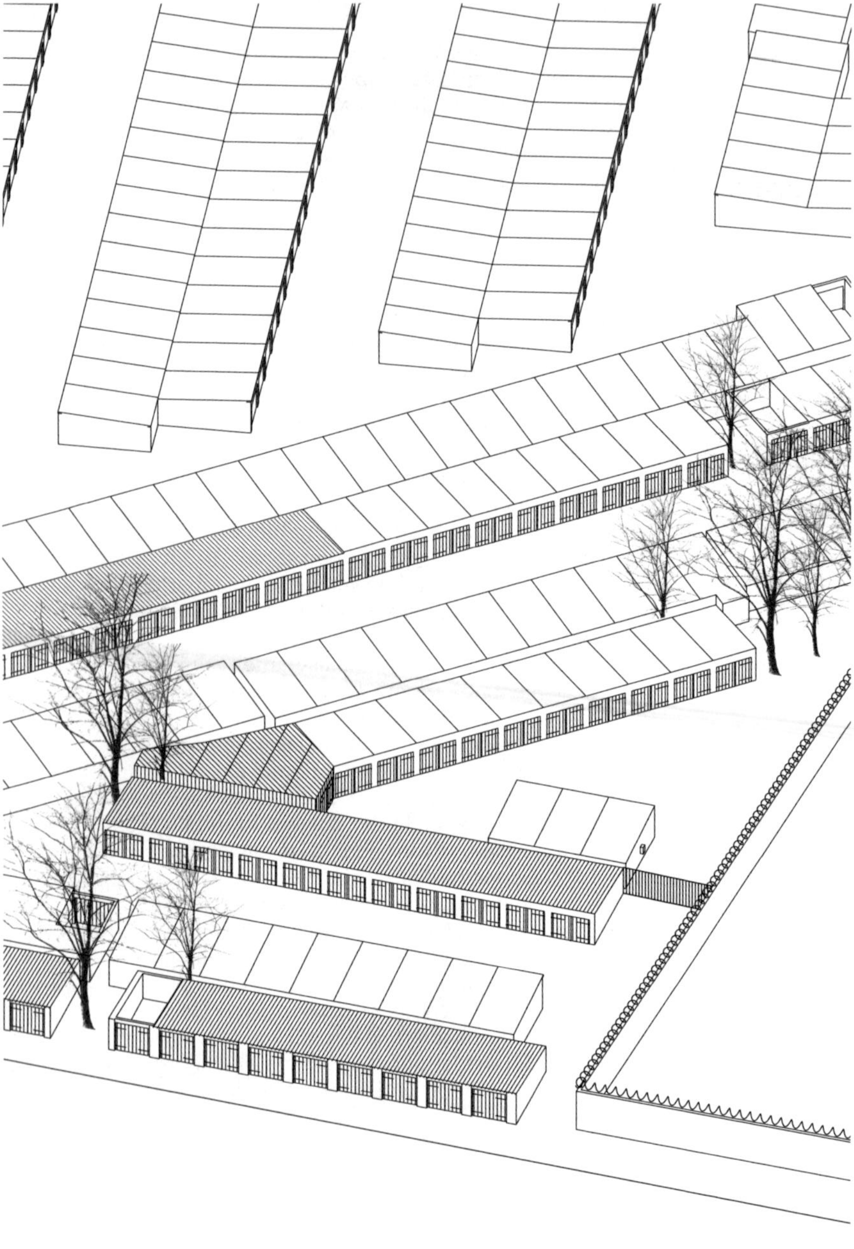

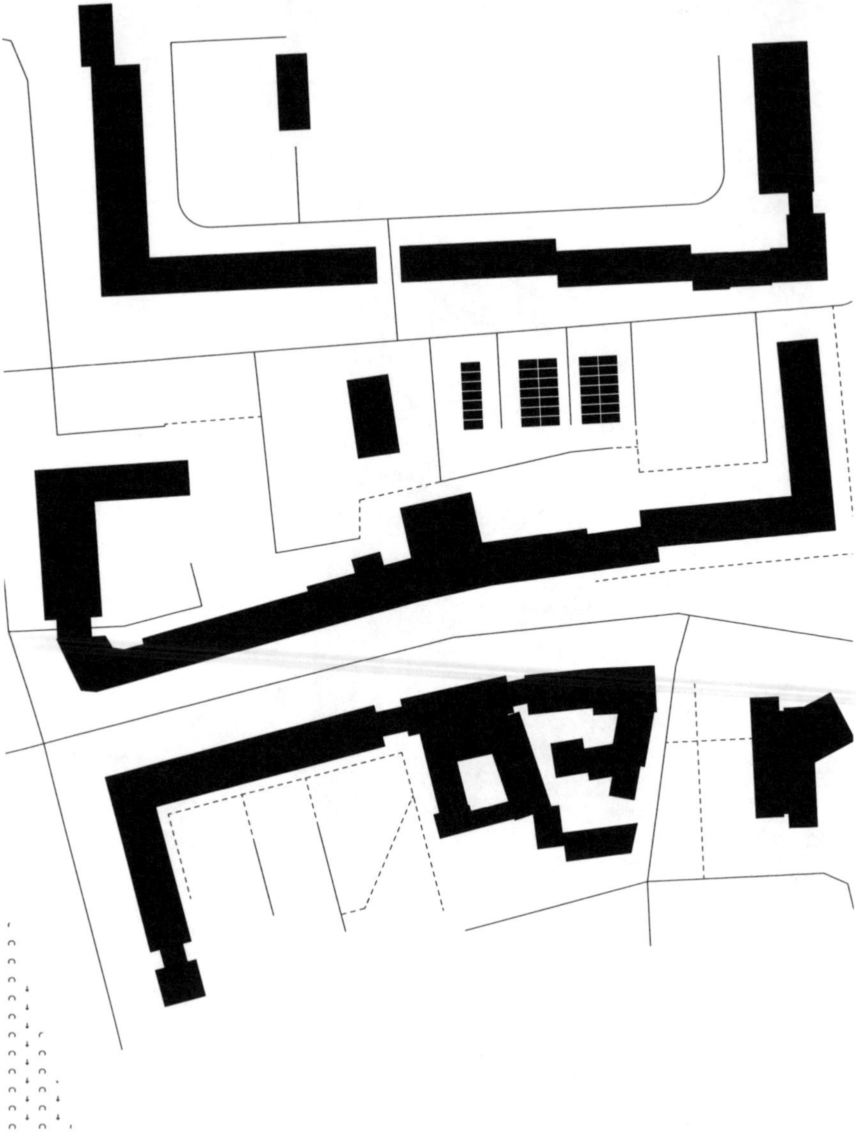

Case Study 5

35 Garagen

Hermannstraße, 03042 Cottbus

1969 wurde dieser Garagenkomplex zunächst als Baustelleneinrichtung erbaut und zwei Jahre später um 14 Garagen auf insgesamt 35 Boxen erweitert. Er ist unmittelbar in einem Wohngebiet gelegen. Die Balkone der angrenzenden fünfgeschossigen Wohnbauten sind zu den Garagen ausgerichtet; Anwohner*innen haben von hier aus eine gute Sicht auf den Garagenhof und daran angegliederte gemeinschaftliche Funktionen wie etwa eine Wiese mit Wäschestangen, den Mülltonnenabstellplatz mit Sichtschutz und einen Sandkasten mit Sitzbank.

Leerstand gibt es hier nicht. Die Einheiten werden noch heute größtenteils von ihren Erbauer*innen genutzt. Das homogene Erscheinungsbild der Garagen variiert lediglich im Farbanstrich der Tore oder in deren Befestigung mit Sturmhaken an Torpfeiler oder Bodenplatte. Die Garagenwände sind gemauert, eine Metallstange dient als Sturz über der Tür. Decken aus mehreren Betonsegmenten schließen die Garagenräume ab. Die Entwässerung wurde von den Besitzer*innen nachträglich angebracht und erfolgt in Abständen von drei Garagen über den Hof. Das Hofgelände und die daran angrenzenden Parkbuchten sind mit verschiedenen Bodenbelägen wie Betonplatten, Rasengitter- oder Pflastersteinen befestigt.

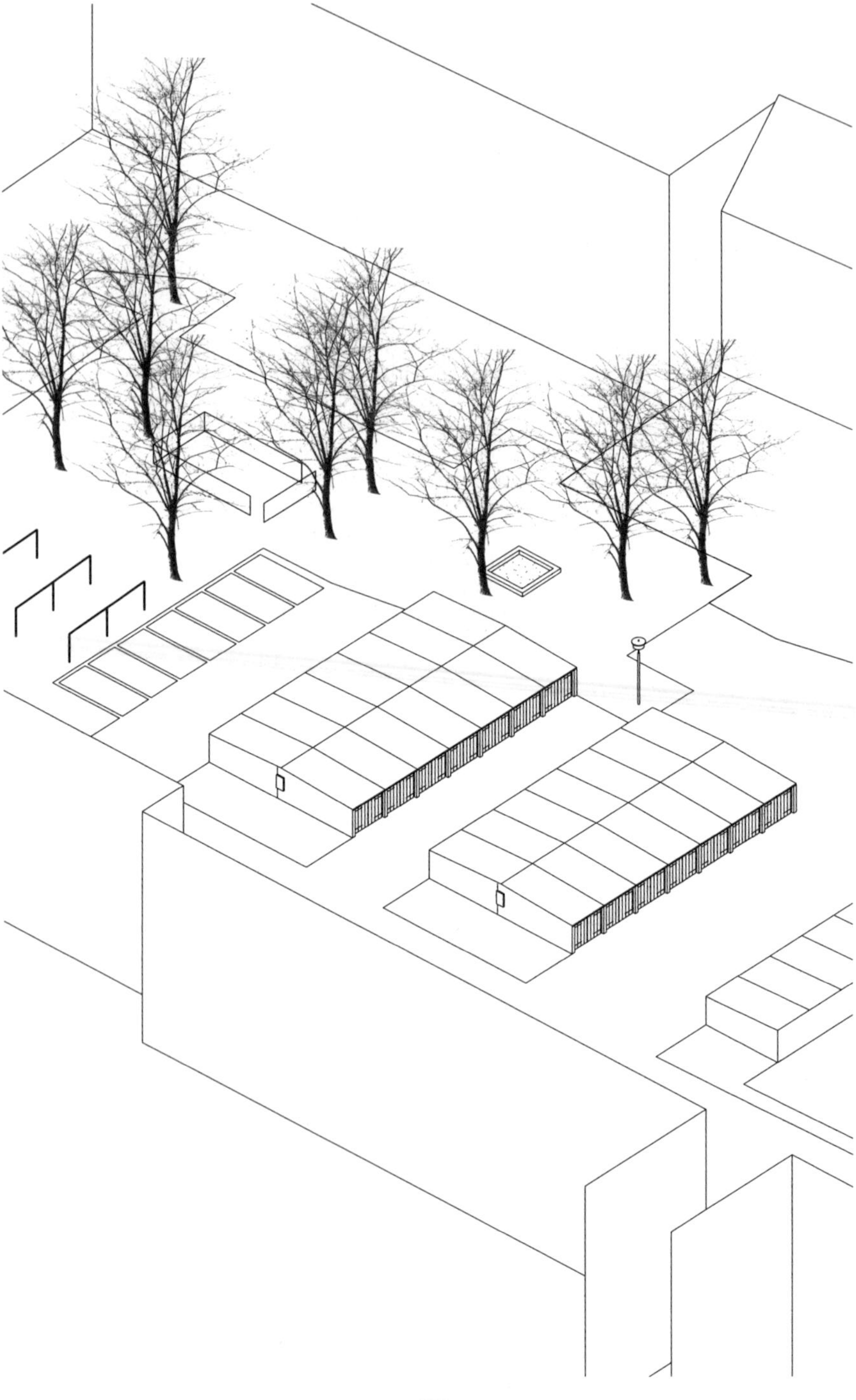

Kraftwagenanlage!
3

Kraftwagenanlage!
Rauchen, offenes Licht
und offenes Feuer
polizeilich verboten!
6

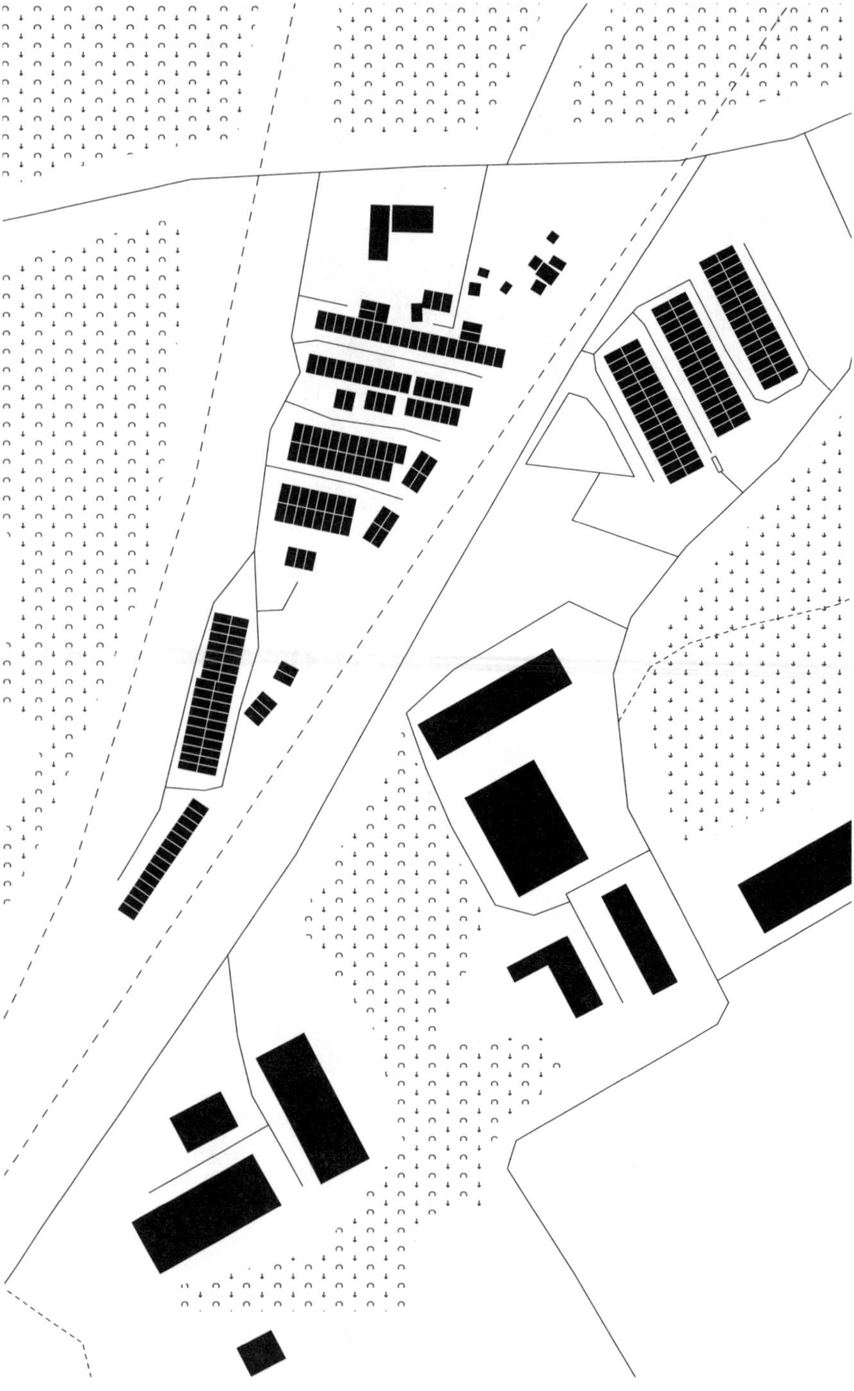

Case Study 6

248 Garagen

Dissenchener Straße/ An der Bahn, 03042 Cottbus

Außerhalb des Stadtzentrums, im Gewerbegebiet »Altes Heizkraftwerk« befinden sich Konglomerate von Garagen beidseitig eines stillgelegten Bahngleises.

Östlich der Bahngleise errichteten Arbeiter*innen der Cottbusser Energiebau Anfang der 1970er-Jahre drei diagonal zur Straße ausgerichtete Doppelreihen mit insgesamt 88 Garagen auf einem Grundstück, welches ihnen der Arbeitgeber zur Verfügung gestellt hatte. Bis in die 1990er-Jahre hinein hielten Garagenvereinsmitglieder regelmäßige Sitzungen in einem Gemeinschaftsraum des Heizkraftwerks ab. Ein an die Topografie angepasster, in seiner Breite verstellbarer Reparaturstand mit Sitzbank illustriert den einst gemeinschaftlichen Charakter der Anlage. Inzwischen ist die Gemeinschaft nicht mehr aktiv, etwa 20 bis 30 Prozent der heute auf Stadtgrund befindlichen Eigentumsgaragen stehen leer. Vom ehemaligen Vereinsaushangskasten an der Giebelwand der vordersten Garagenreihe hängt nur noch das Skelett. An vielen Garagen sieht man rot-weißes Absperrband der Polizei. Einige hölzerne Garagentore zeigen Spuren von Vandalismus, andere sind gerade neu verstärkt worden, Schäden wurden beseitigt und die Verriegelungen verbessert. Aus Riffelblech geschweißte Boxen oder an den Beschlägen befestigte stählerne Schlössereinfassungen sind kürzlich angebracht worden und sollen das Aufschneiden der Vorhängeschlösser mit einem Bolzenschneider verhindern.

Die Ansammlung von Garagenbauten westlich der Gleise ist sukzessive über viele Jahre auf einem Gelände der Deutschen Reichsbahn errichtet worden. Bebauungspläne wurden modifiziert: mal fiel der Bau einzelner Garagen weg, um Platz für neue Gleise zu schaffen, mal kamen neue hinzu, etwa um eine Lücke zwischen zwei Doppelreihen zu schließen. Baumfällungen im Rahmen der Elektrifizierung der Bahnstrecke machten Platz für den Bau neuer Garagen.[1] Die Erweiterungen von Bestandsreihen erfolgten dabei unter der Auflage einer gestalterischen Anpassung: Sie sollten in gleicher Bauweise errichtet werden und sich in Dachneigung, Außenputz, Farbgestaltung, Torausbildung und Dachentwässerung dem Bestand angleichen.[2] Heute existieren hier aufgerüstete Garagen mit Stahltoren und Plexiglasvordach neben baufälligen Exemplaren, deren Tore als Leinwände für Sprayer herhalten. Glitzernde Graffitischichten aus großformatigen Tags überziehen die Garagenfronten reihenweise.

1 **Antrag auf Bau von Garagen im Komplex Cottbus – Dissencher Straße der Reichbahndirektion Cottbus an das Stadtbauamt Cottbus vom 26.6.1978, Stadtarchiv der Stadt Cottbus, BA10131.**

2 **Schreiben des Büros des Stadtarchitekten an die Deutsche Reichsbahn vom 22.6.1978 zur Bestätigung des Baus von 39 Garagen, Stadtarchiv der Stadt Cottbus, BA10131.**

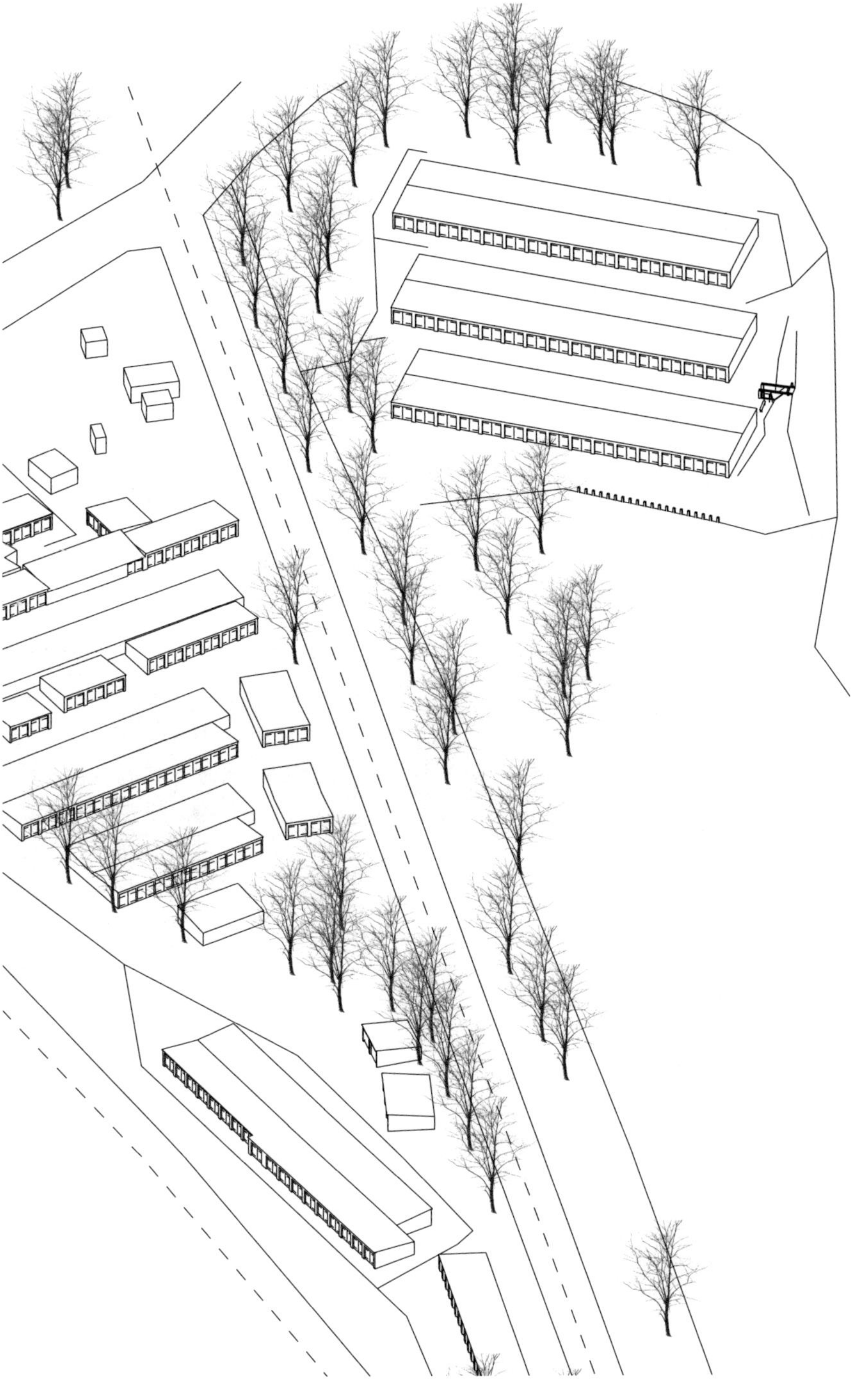

28

Sm!
Sm!
Sm!
Sm!

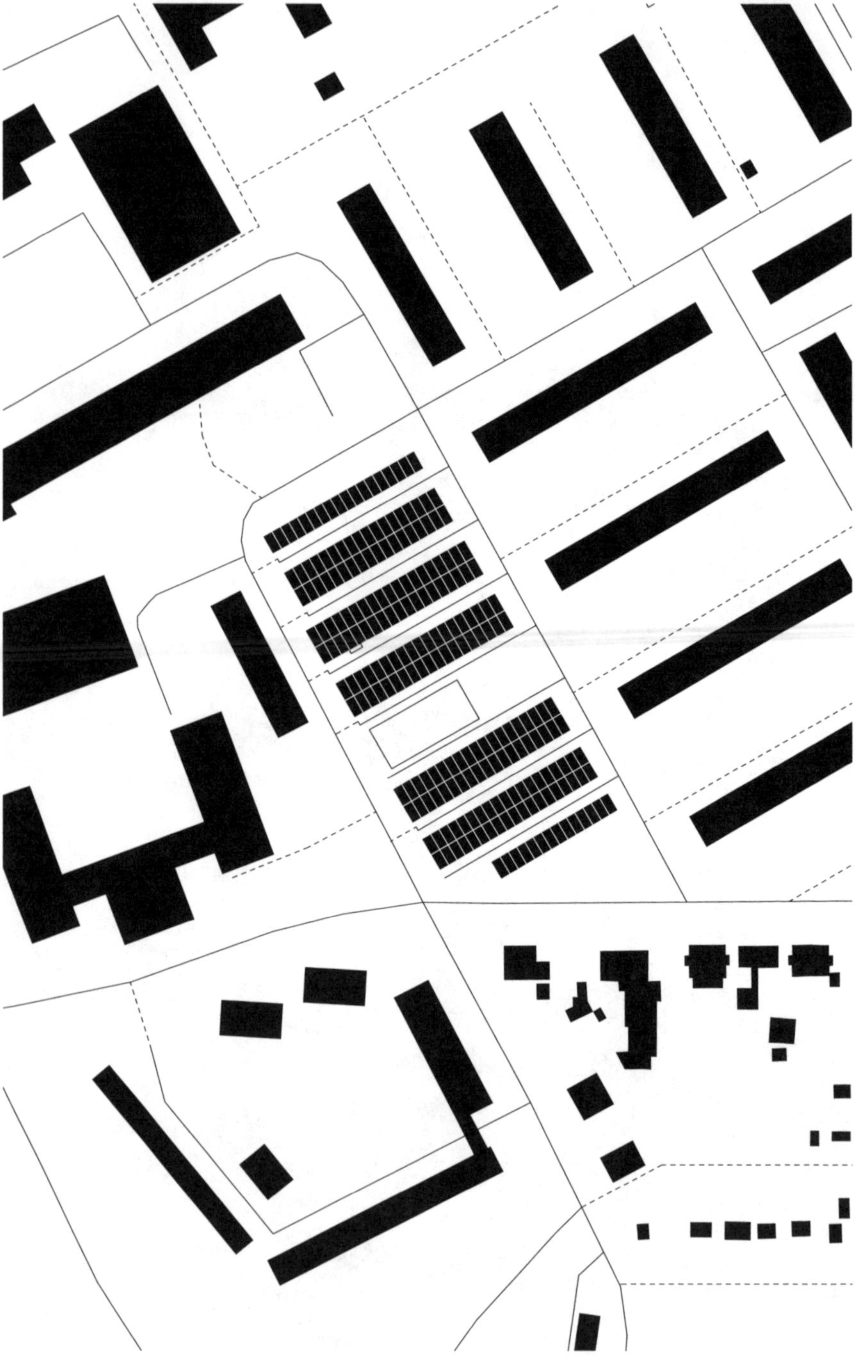

Case Study 7

207 Garagen

Hermann-Hammer-schmidt-Straße, 03042 Cottbus

Straßen umschließen diesen Komplex im Süden des Stadtteils Sandow zu allen vier Seiten. Die Garagen integrieren einen von Schüler*innen der benachbarten Schule genutzten Fußballkäfig, Sitzgelegenheiten, einen Handwerksbetrieb, Altglas- und Altkleidercontainer, wilde Parkplätze sowie einen Kondomautomaten und füllen einen ganzen Häuserblock aus.

Fünf Doppelreihen werden von jeweils einer Einzelreihe am nördlichen und am südlichen Ende gerahmt. Ein Großteil davon entstand ursprünglich als Baustelleneinrichtung der anliegenden Wohnzeilen in den 1970er-Jahren und ist bis heute in städtischem Eigentum. Die südlichen Unterstellplätze zählen zur Garagengemeinschaft »Kahrener Straße«. Unter der Leitung von zwei Ingenieuren errichtete dieser Verein seine 36 Boxen nach Bauabschluss dort, wo während der Baustellenzeit die Holzbaracke mit der Versorgung und Küche gestanden hatte. Für den Handwerksbetrieb sind in dem städtischen Teil der Anlage sechs Garagen zusammengefasst.

Auskragende Dachträger sind charakteristische konstruktive Elemente der Anlage. Der unbefestigte Boden ist vor einigen Garagentoren mit frischem Schotter aufgefüllt. Die Garagentore sind mit vielen verschiedenen Varianten verriegelt: Es gibt einfache Schlösser sowie Tore, die mit einer Vielzahl von Vorhängeschlössern gesichert sind. Offen gehalten werden sie mit Sturmhaken, die an den Garagenwänden befestigt sind, mit Feststellern, die sich auf dem Boden befinden, oder provisorisch mit einem Brett, welches zu diesem Zweck in der Garage gelagert wird. Lüftungssiebe mit unterschiedlichen Geometrien finden sich jeweils am unteren oder am oberen Rand der Tore; einige sind im Farbton der jeweiligen Tore überstrichen, andere materialsichtig.

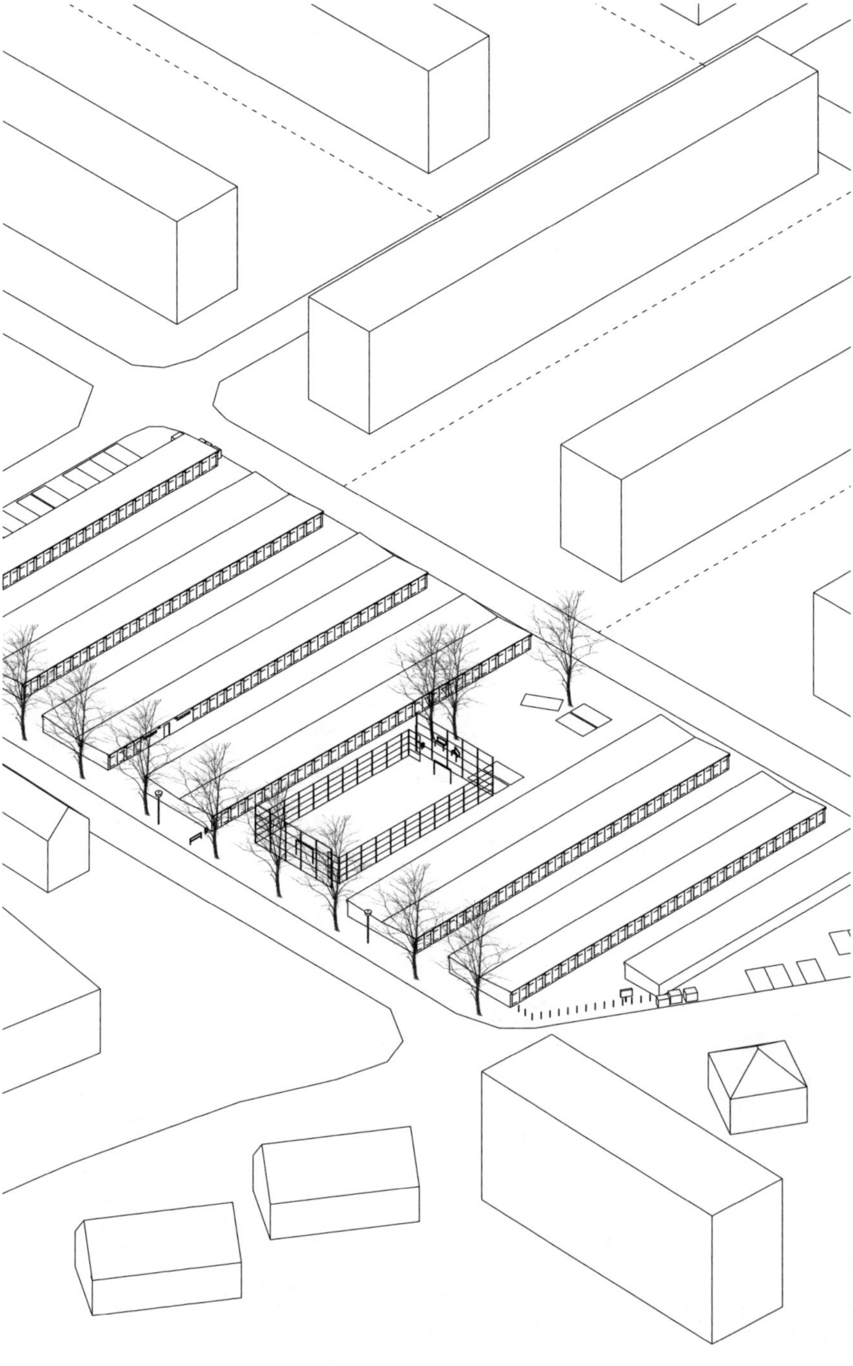

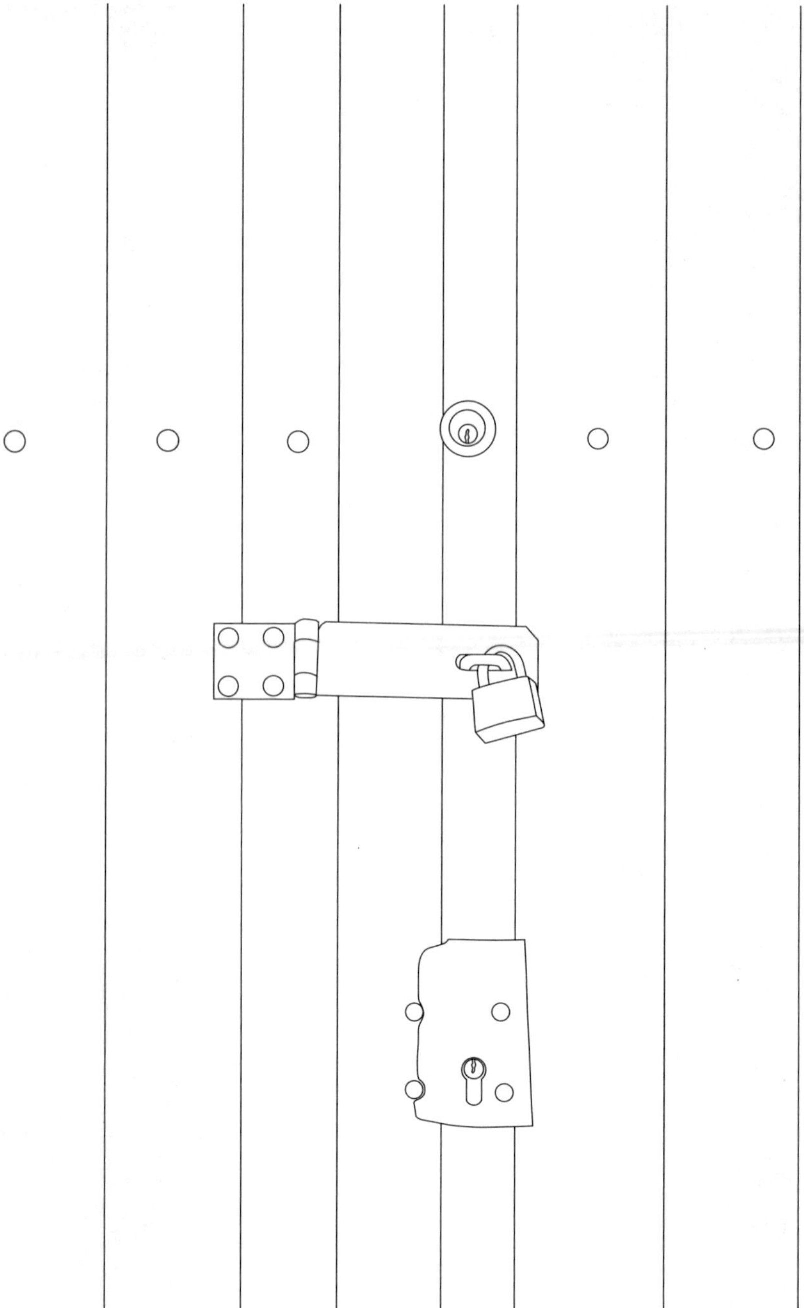

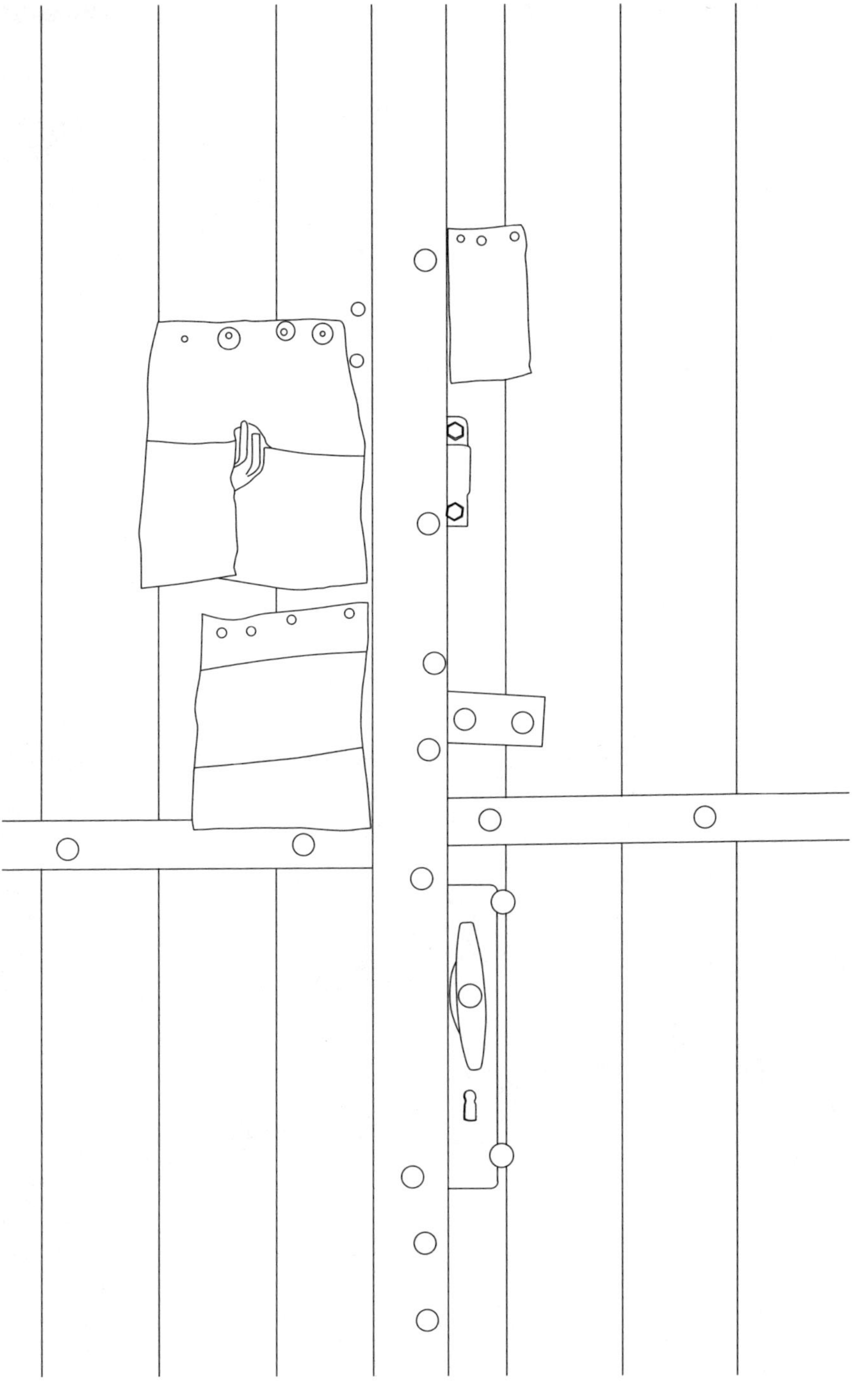

SPN JD 91

DIE GESCHICHTE ALLER
BISHERIGEN
GESELLSCHAFTEN,
IST DIE GESCHICHTE
VON KLASSENKÄMPFEN.
KARL MARX

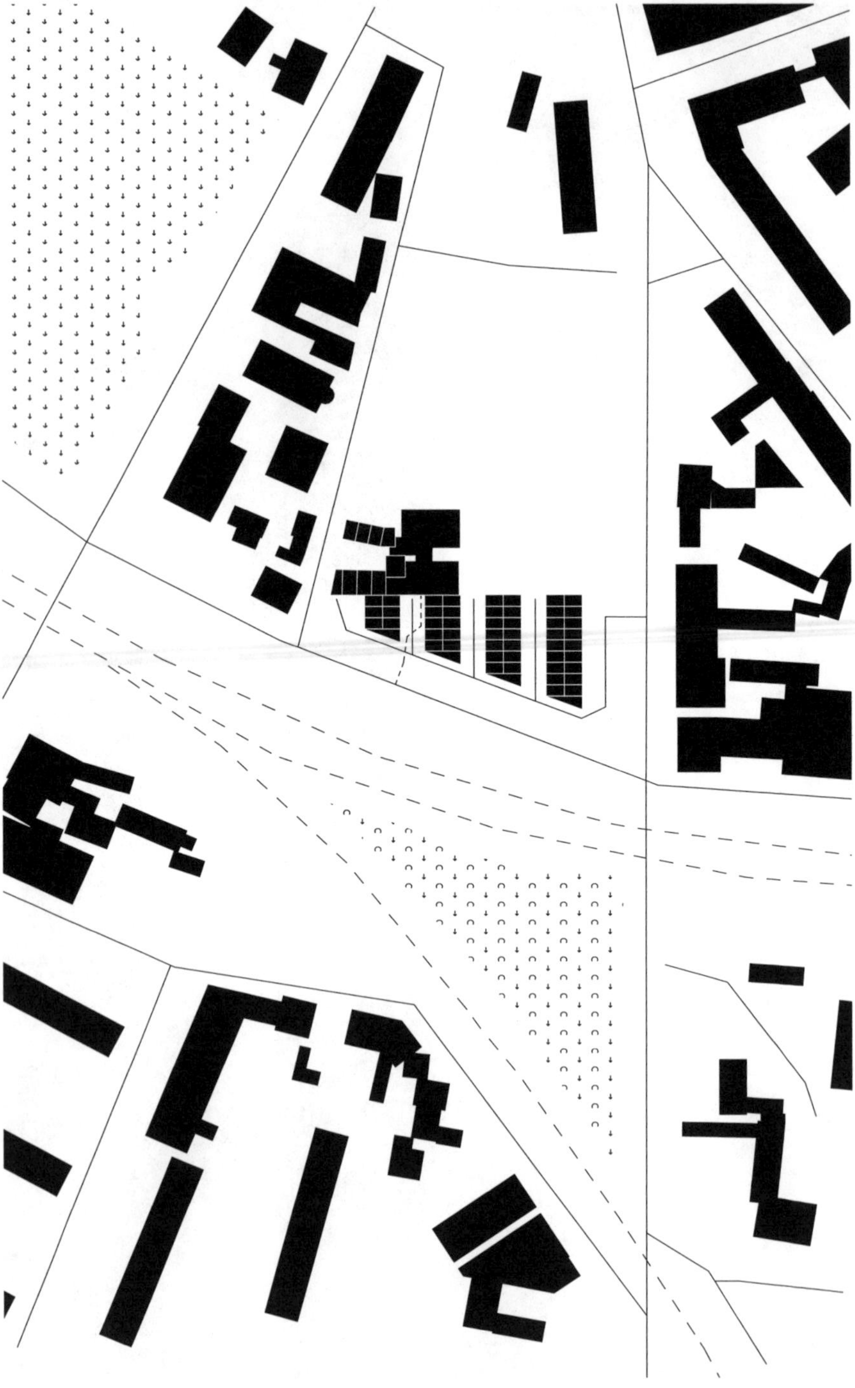

Case Study 8

52 Garagen

Blechenstraße/ Bautzener Straße, 03046 Cottbus

Diese gepflegte, gärtnerisch gestaltete Garagenanlage im Südosten der Innenstadt grenzt an die Brachfläche der mittlerweile abgetragenen Merkur-Brauerei. Hohe Bäume und eine Einfriedung aus Hecken, Betonpfeilern und Maschendrahtzaun säumen das Gelände. Der Boden ist unbefestigt und grasbewachsen, in den Boden eingearbeitet sind Regenrinnen aus Ziegeln und Beton. 2020 zahlten die Garageneigentümer*innen je 20 bis 30 Euro für das Heckenschneiden, Rasenmähen und den Strom, 210 Euro beträgt die jährliche Pacht für das Grundstück an die Stadt.

Neben einer Zufahrt für Autos existiert ein verriegeltes Tor für Fußgänger*innen. Ein Pfad aus Gehwegplatten führt von hier über den grasbewachsenen Garagenhof zu einem eingeschossigen fensterlosen Gebäude. Von 1978 bis 2017 war dies der Zugang zu einer auf Zierfische spezialisierten Zoohandlung. Jetzt ist hier ein Verein ansässig. Auf die Fassade unter einer Außenleuchte wurde ein Wandbild gesprüht; neben der Tür steht ein voller Kombiascher.

Die erste Baugenehmigung zur Errichtung der Anlage wurde 1965 erteilt. Eine 1977 erfolgte Erweiterung zeigt, dass jeder freie Fleck für den Bau von Garagen genutzt, dabei aber auch auf die Gestaltung geachtet wurde: Die VEB Gebäudewirtschaft genehmigte den Anbau von vier dreieckigen Garagen, die jeweils an eine vorhandene Doppelreihe anschließen. Die so neu entstandene Giebelseite der Doppelreihen ist damit parallel zur anliegenden Straße ausgerichtet.

Die sukzessive Entwicklung der Anlage ist nicht auf den ersten Blick erkennbar. Alle Garagen sind einheitlich verputzt und überwiegend mit doppelflügeligen Holztoren ausgestattet, die durchweg in derselben hellgrauen Farbe gestrichen sind – mal frisch aufgetragen, mal abgeblättert. Bei geöffnetem Tor zeigen die unverputzten Laibungen Mischkonstruktionen aus Ziegeln, Betonhohlblöcken und Gasbetonsteinen. Ein zentraler Stromkasten sowie Aufputzmontagen in den Boxen gewährleisten die elektrische Versorgung.

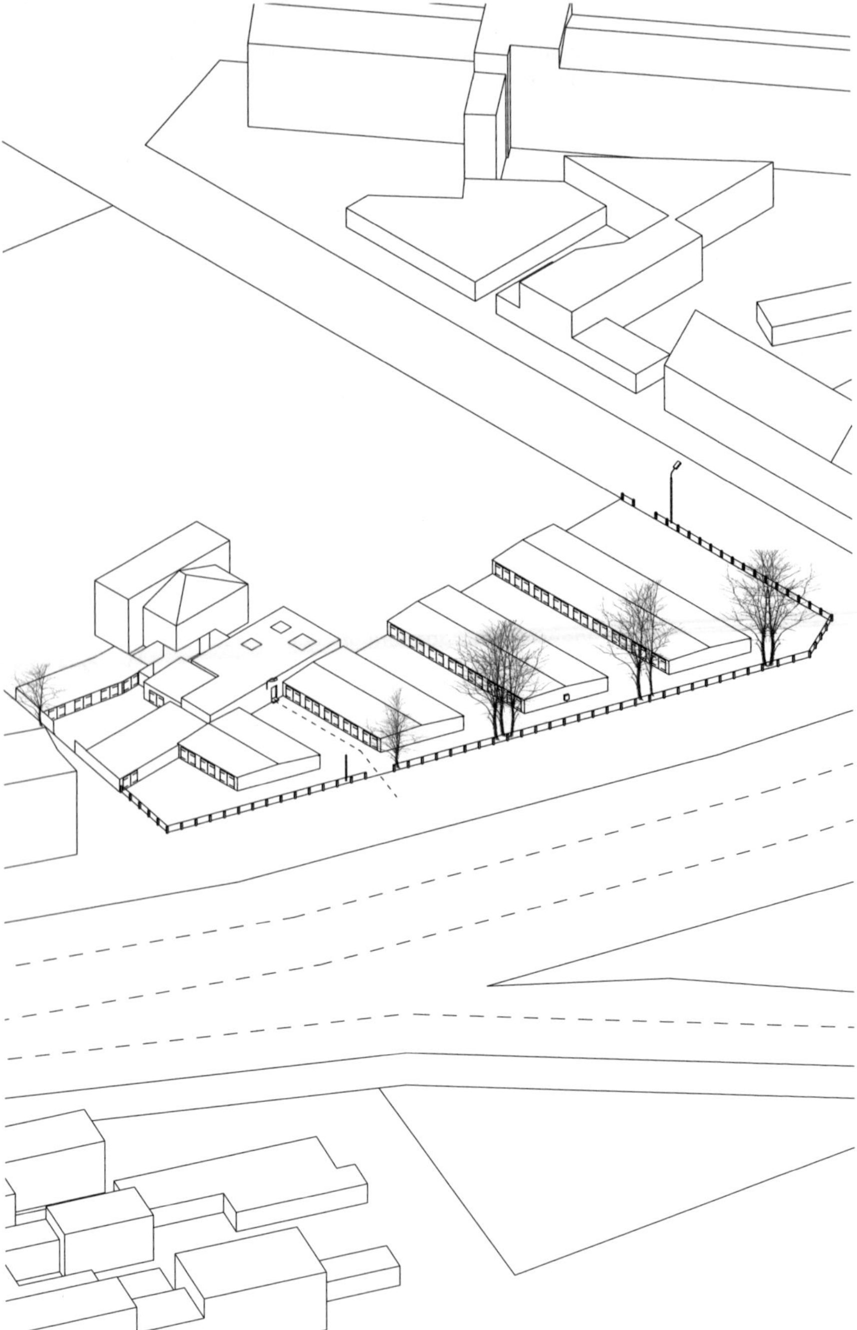

33

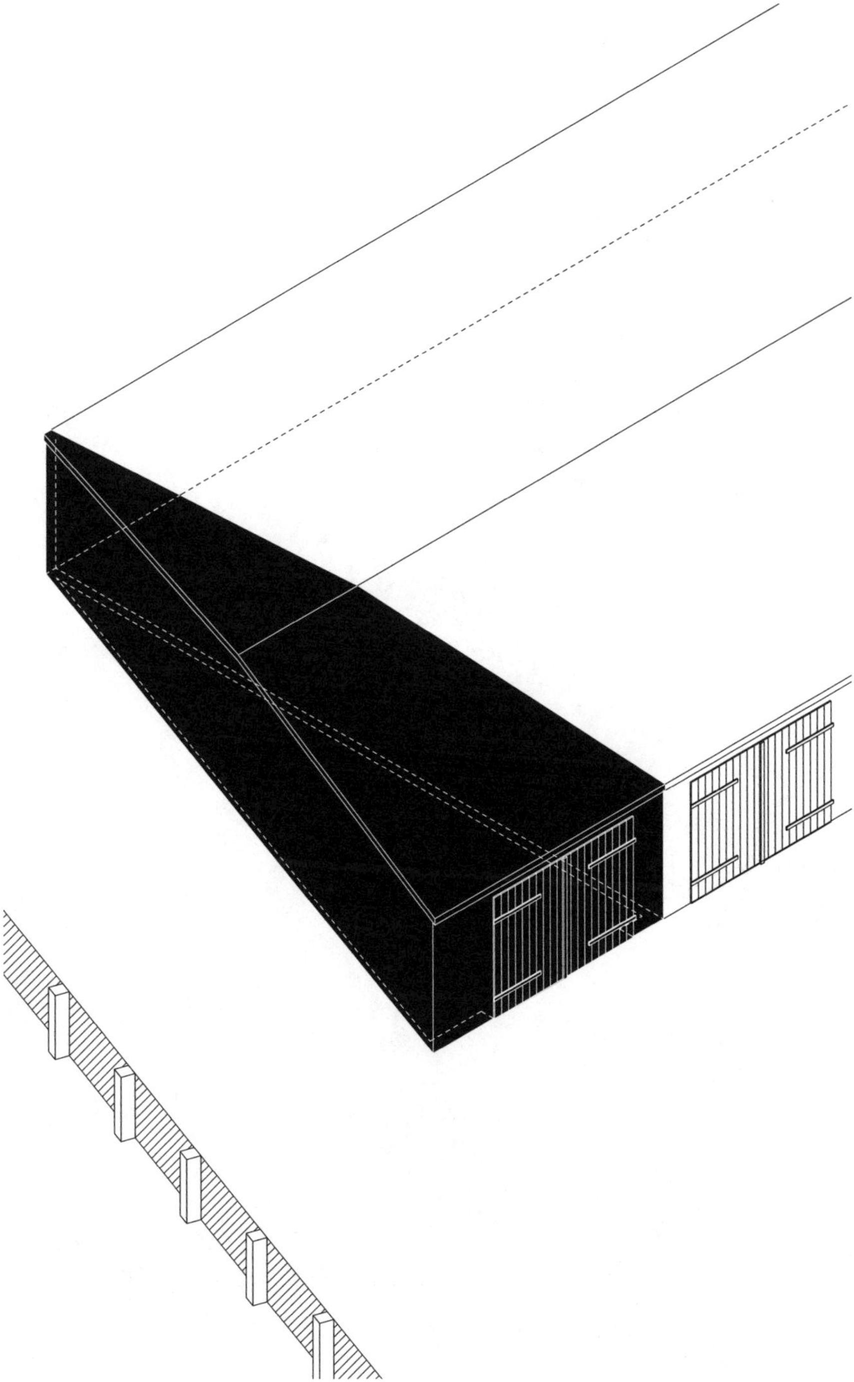

Einfahrt
freihalten

Case Study 9

665 Garagen

Senftenberger Bahn / Herzberger Straße, 03048 Cottbus

Die größte untersuchte Anlage in Cottbus bildet den westlichen Abschluss des Neubaugebiets Spremberger Vorstadt. Der Garagenkomplex liegt zwischen der Senftenberger Bahn im Westen, den Neubauten der Spremberger Vorstadt im Osten, einer Hauptverkehrsstraße im Süden und einer Straßenbahnwendeschleife im Norden. Innerhalb dieser Begrenzungen wurde er im Wesentlichen bis in die späten 1970er-Jahre, aber auch darüber hinaus, immer wieder erweitert und nachverdichtet. 1962 wurde auf dem Gelände der ehemaligen Baustelleneinrichtung der Wohnungsneubauten die Errichtung der ersten 12 Garagen genehmigt. Eine Planung für das Grundstück aus demselben Jahr zeigt neben 180 Garagen in fünf Zeilen auch eine dreigeschossige Großgarage für 230 PKW, die nie realisiert wurde, einen Kleinsportplatz und eine Waschanlage mit Benzinabscheider.

Die Garagen bilden eine kammartige Struktur. Dem Bogen der Eisenbahnstrecke folgend, variieren die Längen der 12 parallel zueinanderstehenden Doppel- und Einzelreihen. Es lassen sich verschiedene Bauphasen und individuelle Erweiterungen erkennen. Einzelne Zeilen aus Fertigteilgaragen wurden nachträglich mit gemauerten Garagen ergänzt. Möglich machte dies eine Gesetzesänderung, die einen verringerten Abstand der Gebäude zu einer zwischen der Anlage und der Eisenbahn verlaufenden Gasleitung zuließ. Die meisten Garagen der Anlage sind rau verputzt, mit Dächern aus vorfabrizierten Deckenelementen und einfacher Pappdeckung sowie mit zweiflügeligen Holztoren versehen. In einer Reihe erzeugt ein kleines Windrad den Strom für einige aus Holz, LEDs und Blechdosen selbst gebaute Außenleuchten. Im Norden der Anlage gibt es Garagen, deren Dachdeckung aus Faserzementplatten auf einer improvisierten Konstruktion aus Stahlrohren, wahrscheinlich Gasrohren, verlegt ist. Am westlichen Ende einer der Zeilen befindet sich ein gesperrter Reparaturstand aus Stahl für Unterbodenarbeiten am PKW und in dessen Nähe eine alleinstehende Doppelgarage.

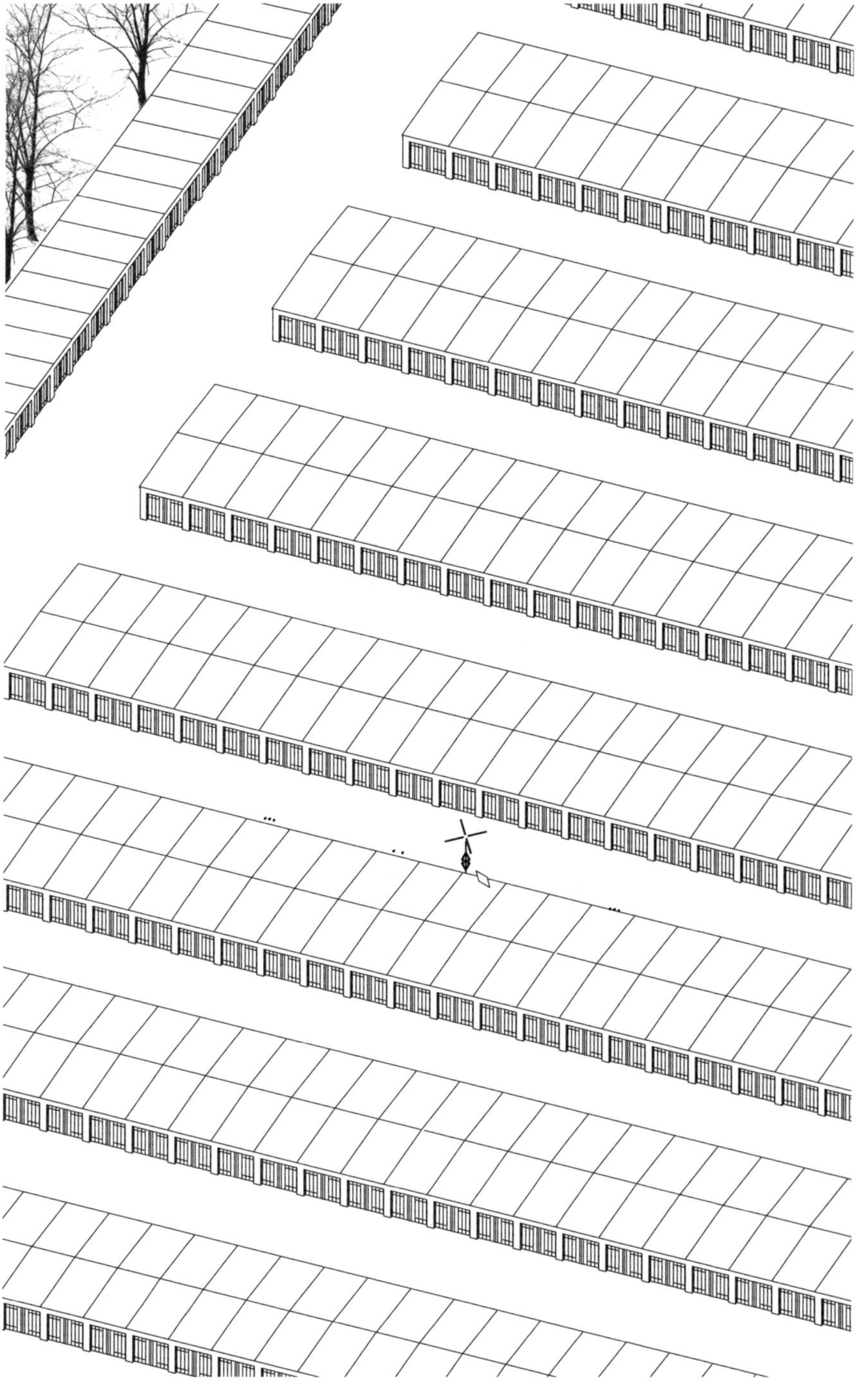

13

Die Garage von G.

Lasse Schmalfuß

5
6
4
3
2
1

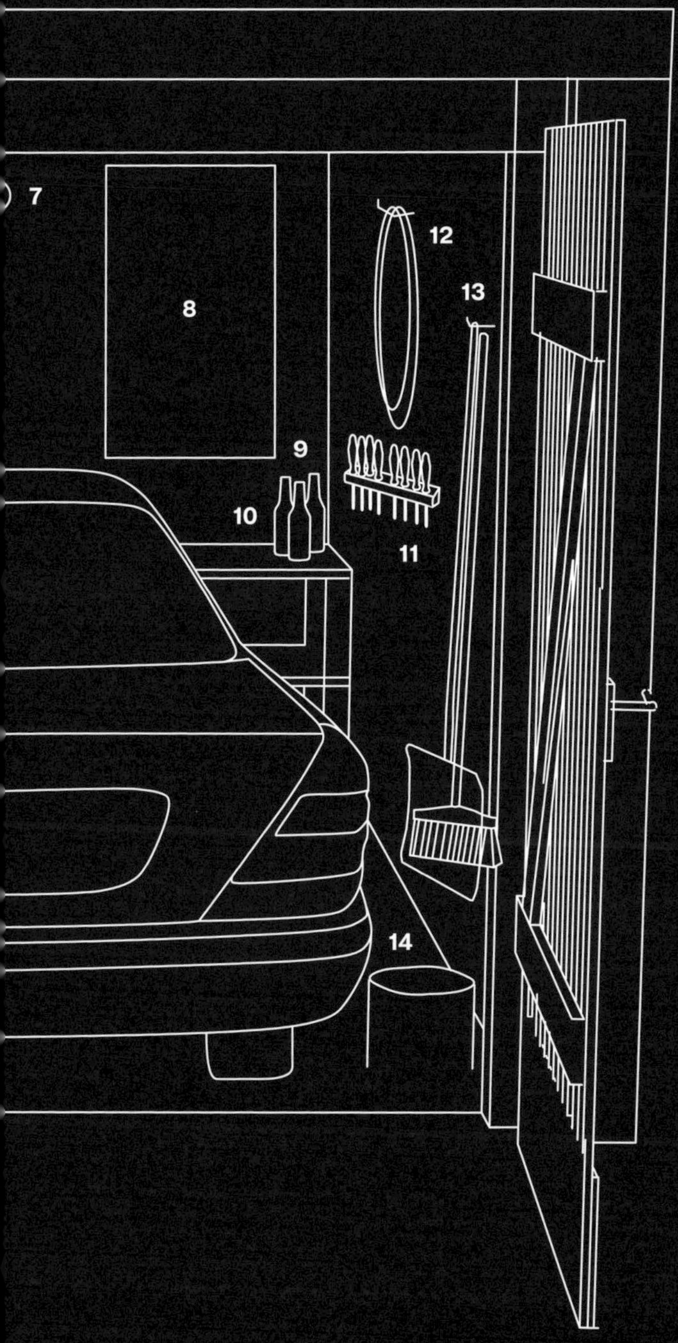
7
8
9
10
11
12
13
14

G.s Garage findet sich in einem der untersuchten Garagenkomplexe in Cottbus. G. hat als Sportler die DDR bei den Olympischen Spielen 1968 in Mexiko vertreten und in seiner Disziplin den sechsten Platz belegt. Er war 1969 persönlich am Bau der Garagen beteiligt. Die Garage ist Teil seines Lebens geworden und für seine Mobilität unverzichtbar.

1 Tor
Die Garage hat ein Tor aus Massivholz. Es wurde im Bodenbereich mit Metallplatten verstärkt. Innen ist es durch eine Holzaussteifung in Z-Form stabilisiert.

2 Auto
Die Garage dient nach wie vor als Stellplatz für das Kraftfahrzeug, jedoch hat sich das Fahrzeug über die Jahre verändert. Zu DDR-Zeiten beherbergte die Garage einen Trabant 601, dieser Typ wurde von 1964 bis 1991 produziert. Er verfügte über eine Leistung von 25 PS bei einem Hubraum von 600 cm^3. Heutzutage befindet sich in der Garage eine Mercedes C-Klasse mit Baujahr 2000, 136 PS und einem Hubraum von 2 Litern.

3 Fahrrad
In den meisten Garagen befindet sich neben einem Kraftfahrzeug auch ein Fahrrad. Viele Garagennutzer*innen fahren aufgrund ihrer Wohndistanz mit dem Fahrrad zu ihrer Garage und stellen es in der Zeit, in der das Auto genutzt wird, unter. Meist handelt es sich bei den Fahrrädern noch um alte DDR-Fabrikate wie etwa die der Firma MIFA oder Diamant. MIFA war in der Zeit von 1950 bis 1990 ein volkseigener Betrieb der DDR. In dieser Zeit wurden dort rund 9 Millionen Fahrräder gefertigt. Besondere Bekanntheit haben dabei die Klappräder, die sich bis heute großer Beliebtheit erfreuen.

4 Regal
Das Regal besteht aus zwei Metallwinkeln und einer aufliegenden Holzplatte. Dabei handelt es sich um ein DDR-Leiterwandregal.

5 Verpackungen
Auf dem Regal befinden sich zahlreiche Kisten, unter anderem mit Leuchtmitteln, die als Ersatz gelagert werden.

6 Wartungsgitter
Anders als bei anderen Garagen ist der Stromkasten nicht extern an der Kopfseite der Außenwand befestigt, sondern in die Wand integriert und mit einer Metallplatte verschlossen. Dort befindet sich auch der Stromzähler. Die entstehenden Stromkosten werden durch alle Inhaber geteilt. Jedoch heizen einige Nutzer ihre Garagen und verbrauchen dadurch erheblich mehr Strom als andere. Erkennbar ist dies im Winter, wenn Garagen schneller abtauen. Jede Garage verfügt über einen Stromanschluss, welcher zwischen den Rückwänden verlegt ist. Durch das Gitter kann auf diesen Zwischenraum zugegriffen werden.

7 Lampe
Beleuchtet wird die Garage durch eine ehemalige DDR-Industrielampe. Die genaue Typbezeichnung ist 001235/2 T45. Diese Lampen werden im Internet für rund 35 Euro gehandelt.

8 Pneumant-Plakat
Das Plakat der Firma Pneumant wirbt für deren Auto- beziehungsweise Motorradreifen. Pneumant hatte in der DDR eine Monopolstellung in der Reifenherstellung. Gegründet wurde die Firma unter dem Namen Deutsche Kabelwerke AG 1906 in Berlin. 1956 wurde sie in Pneumant umbenannt. Insgesamt waren rund 11'000 Arbeiter*innen in zwei Werken beschäftigt. Unter anderem fertigte Pneumant auch Flugzeugreifen. Nach 1990 gehörte Pneumant zu Dunlop; 2012 wurde der Betrieb eingestellt.

9 Bierflasche
Es lassen sich zahlreiche Getränkeflaschen finden, darunter auch Bierflaschen. Dies lässt darauf schließen, dass die Garage auch als Aufenthaltsort und Treffpunkt dient.

10 Werkbank
Die Werkbank ermöglicht es, schnell kleinere Reparaturen durchzuführen.

11 Werkzeug
In der Garage sind zahlreiche Werkzeuge zu finden; die Garage ist somit nicht nur Lagerstätte, sondern auch Werkstatt und Aufenthaltsort.

12 Fahrrad-Ersatzteile
An der Wand hängen neue Fahrradschläuche.

13 Besen, Schneeschieber
Was in jeder Garage zu finden ist, sind Besen und Schneeschieber. Interessant ist dabei, dass der Raum zwischen den Garagen offiziell öffentliches Gelände ist. Somit ist die Stadt dafür verantwortlich, dass das Gelände von Schnee befreit wird. Dies gilt auch für das Ableiten von Regenwasser. Jedoch kommt die Stadt ihrer Pflicht nach Angaben der Nutzer*innen nicht nach. Gleiches gilt für die Entfernung herabgefallenen Laubes. So kümmern sich die Garagennutzer*innen um diese Angelegenheiten. Oft kommt es jedoch dazu, dass die Gullis verstopfen. Die Folge ist, dass sich das Wasser vor den Garagen sammelt und die Türen verstärkt der Verwitterung ausgesetzt sind.

14 Farbe
Eine Vereinbarung, alle Türen einheitlich zu streichen, gibt es nicht. Jedoch wird versucht, die Einheitlichkeit zu wahren. Trotzdem unterscheiden sich die Farbtöne der verschiedenen Garagentüren.

Making Heritage

Luise Rellensmann, Jens Casper

Zu allen Zeiten haben Architekt*innen mit Vorgefundenem gearbeitet; sie haben Orte und Objekte interpretiert, bewahrt und erhalten, transformiert und auch zerstört. Das sogenannte »Bauen im Bestand«, also das Weiterführen von bereits Existentem, von Anderen Erdachtem und Ausgeführtem, ist schon immer eine zentrale Aufgabe der Architektur gewesen. Der Entwurfsprozess in diesen Aufgaben konfrontiert Architekten*innen dabei mit Kernfragen der Denkmalpflege: Was ist von Bedeutung, was wird bewahrt und was kann weg? Ganz im Allgemeinen und im Detail.

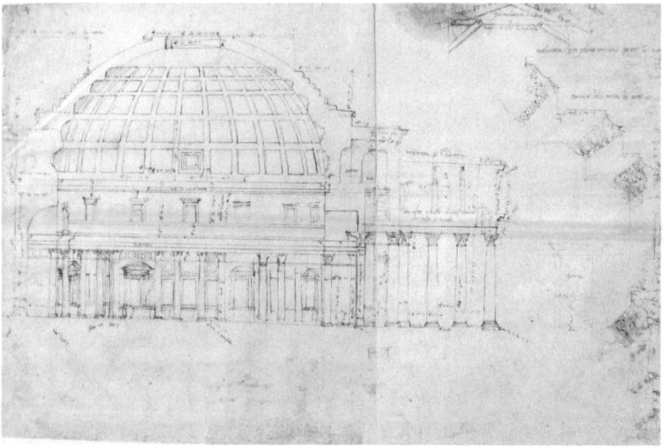

Zeichnungen erzeugen Realität und weisen Bedeutungen zu. Baldassarre Peruzzi, Pantheon (um 1500): Ferrara Biblioteca Comunale Ariostea, ms.Classe I 217, Anhang 8r

Einheit und Bruch

In ihren Ursprüngen war die Praxis des Bewahrens eng mit künstlerischen Praktiken verbunden. Die Wurzeln der neuzeitlichen Denkmalpflege reichen bis in die Frührenaissance zurück, als florentinische Architekten, Bildhauer und Künstler wie Filippo Brunelleschi und Donatello zum Studium römischer Gebäude und Ruinen nach Rom gingen. Römische Architekturen wurden zuvor über mehr als ein Jahrtausend meist nur als Steinbrüche wahrgenommen und genutzt. Brunelleschi, Donatello und ihre zahlreichen Nachfolger zeichneten ab dem frühen 15. Jahrhundert Pläne, Ansichten, Schnitte und Details und kreierten so eine neue, nie zuvor gesehene Realität, die den wiederentdeckten Architekturen, Gebäuden und Strukturen neue Bedeutung und Wertschätzung verlieh.

In seinem Lehrbuch *De re aedificatoria* [Über das Bauwesen] schrieb Leon Battista Alberti über die Bewahrung und Instandsetzung von Bauten[1] – zu einer Zeit, als Künstler, Entwerfende und Denkmalpfleger noch eins waren. Diese Einheit zerbrach im 19. Jahrhundert, als ein Konflikt zwischen Restauratoren von Ideen auf der einen und Bewahrern authentischer Materie auf der anderen Seite entstand. Der französische Architekt Eugène Viollet-le-Duc und der englische Kunsthistoriker John Ruskin wurden zu Ikonen dieses Konflikts, der die Denkmalpflege bis heute beschäftigt.

Um 1900 etablierte sich diese als wissenschaftliche Disziplin. Kunsthistoriker*innen übernahmen die Deutungshoheit und verdrängten die praktizierenden Gestalter*innen endgültig. Die kunsthistorische Perspektive ersetzte die architektonisch-entwerferische Auseinandersetzung mit dem Bestand und institutionalisierte das Fach mit kunsthistorisch-wissenschaftlicher Interpretationsmacht,[2] die seit über einem Jahrhundert das subjektive künstlerische Moment aus ihrer Praxis ausschließt. Die Architekt*innen wandten sich nunmehr dem Neubau zu.

20. Jahrhundert: Chartas und Konventionen

Auf dem Höhepunkt der Moderne im 20. Jahrhundert wurde die Kluft zwischen Architekt*innen und Denkmalpfleger*innen zum ersten Mal in der Geschichte unbestreitbar. Hand in Hand mit den staatlichen Behörden verantworteten Architekt*innen die Schaffung neuer Gebäude und Städte, während sich Denkmalpfleger*innen um die verbleibenden »historischen« Gebäude kümmerten.

1 **Alberti, Leon Battista: »Zehntes Buch: Über die Wiederherstellung der Bauwerke«, in: idem: *Zehn Bücher über die Baukunst*, übersetzt v. Max Theuer, Wien / Leipzig 1912. Originalausgabe: *De re aedificatoria*. Florenz / Rom: 1443 / 1452, erste gedruckte Ausgabe (lat.) 1485.**

2 **»Denkmalpflege ist angewandte Geschichtswissenschaft. Sie gehört nicht zur Kunst, weil sie nichts Neues zu schaffen hat, sondern nur Altes zu begreifen, zu erhalten, nötigenfalls zu ergänzen. Der Architekt als solcher kommt für sie nur als technischer Gehilfe in Betracht.« Dehio, Georg: *Vorbildung zur Denkmalpflege*. Rede auf dem vierten Tage für Denkmalpflege Erfurt 1903, stenographischer Bericht [Gleichzeitig in: *Kunstchronik* 93 (N. F. 15, 1903 / 1904), Nr. 2, Sp. 33–43].**

Die Hand des Architekten Le Corbusier über einem Modell seines Projektes zum Umbau von Teilen der Innenstadt von Paris. Le Corbusier, Plan Voisin, Paris (1925): Photographie FLC L2(14)52 © FLC / Bildkunst, 2021

Die Charta von Athen des Congrès Internationaux d'Architecture Moderne (CIAM) zur funktionalen Stadt, die 1933 an Bord der S. S. Patris diskutiert und im Rahmen des vierten CIAM-Kongresses in Athen verabschiedet wurde, legitimierte das Ausradieren der Bausubstanz ganzer Städte. Sie beruht auf städtebaulichen Studien der CIAM-Mitglieder und beschreibt den Abschied vom klassischen Urbanismus dichter, gemischter Nutzungen; mit ihr wurde unter anderem die Trennung von Nutzungen wie Wohnen, Erholung und Arbeiten in der Stadt gefordert. Die Planung von skulpturalen Objekten auf einer Tabula rasa, auf dem freien Feld oder in der »aus dem Weg geräumten« Stadt wurde zur Obsession der Architekten der Moderne und zum Schwerpunkt ihrer Arbeit – und sie prägt Ausbildung und Diskurs bis heute.

Nur zwei Jahre zuvor wurde 1931, ebenfalls in Athen, eine gleichnamige Charta vom ersten Internationalen Kongress der Architekten und Techniker der Denkmalpflege verabschiedet: die Charta von Athen für die Restaurierung historischer Denkmäler.[3] Beschäftigte sich die Denkmalpflege bis dahin mit einzelnen Objekten, so wird in diesem Dokument – ironischer-

3 **Erster Internationaler Kongress der Architekten und Denkmalpfleger: *Die Charta von Athen: Zur Restaurierung historischer Denkmäler*. Athen, 21. bis 30. Oktober 1931, in: Deutsches Nationalkomitee für Denkmalschutz (Hrsg.), Denkmalschutz. Texte zum Denkmalschutz und zur Denkmalpflege, Schriftenreihe des Deutschen Nationalkomitees für Denkmalschutz, Bd. 52, Bonn 2007, S. 15.**

weise – zum ersten Mal in der Geschichte der Schutz ganzer Stadtviertel eingefordert.

Auf dem Höhepunkt der modernistischen Planungspraxis in den 1960er-Jahren entwickelte der zweite Internationale Kongress der Architekten und Techniker der Denkmalpflege die Charta von Venedig – bis heute das maßgebliche Rahmenpapier für die denkmalpflegerische Arbeit. 1965 vom damals neu gegründeten Internationalen Rat für Denkmalpflege verabschiedet, kam mit der Charta die bis dahin übliche Praxis architektonischer Anpassungen an bestehenden Gebäuden, sobald diese unter Denkmalschutz gestellt werden, zu einem abrupten Ende. Die Charta fordert, dass der Gebrauch eines Denkmals dessen Struktur und Gestalt nicht verändert (§ 5). Sie verbietet »jede neue Baumaßnahme, jede Zerstörung, jede Umgestaltung, die das Zusammenwirken von Bauvolumen und Farbigkeit verändern könnte« (§ 6). Restaurierung soll »Ausnahmecharakter« haben und muss spätestens dort unterbunden werden, »wo die Hypothese beginnt«. Ergänzungen müssen sich »von der bestehenden Kopie abheben und den Stempel unserer Zeit tragen« (§ 9). Die architektonische Intervention wurde somit effektiv eingeschränkt und kontrolliert. Auch 55 Jahre später bildet die Charta von Venedig noch immer die Grundlage für die tägliche Arbeit der institutionalisierten Denkmalpflege und hat sich darüber hinaus auch als Maßstab für das Bauen im Bestand etabliert.

Zumindest für die architektonische Avantgarde war die klassische Moderne zur Zeit der Entstehung dieser Charta schon beendet. Alison und Peter Smithson präsentierten 1953 auf dem neunten CIAM-Kongress in Aix-en-Provence mit den »Urban Re-Identification«-Tafeln, dem sogenannten CIAM *grille*, eine harte Kritik am funktionalistischen Stadtmodell. Auf diesem Kongress wurde das Team X gegründet, welches sich selbstbewusst von den Vertretern der klassischen Moderne absetzte. 1959 fand der letzte CIAM-Kongress statt; 1961 veröffentlichte Jane Jacobs mit *The Death and Life of Great American Cities* einen radikalen Protest gegen die vorherrschende Planungspraxis der Zeit und 1966 veröffentlichte Robert Venturi *Complexity and Contradiction in Architecture* – ein Manifest der Postmoderne.

Fünfzehn Jahre nach der Charta von Venedig entstand 1979 die bahnbrechende Charta von Burra als Folge einer Konfrontation zwischen dem westlichen Kulturverständnis australischer Denkmalschutzbehörden und dem kulturellen Wertesystem der indigenen Völker Australiens. Dieser Konflikt erzwang die Entwicklung von Richtlinien, die, statt nach den ästhetischen und kunsthistorischen Qualitäten von Objekten und ihrer materiellen Substanz zu fragen, den Menschen und seine Wahrnehmung in den Mittelpunkt des Kulturerbe-Diskurses rückten.

Die Burra Charter definiert Objekte als Orte. Sie erkennt an, dass die kulturelle Bedeutung von Orten in Gebrauch, Assoziationen und Bedeutungen verankert ist und dass solche Werte für verschiedene Individuen oder Gruppierungen nicht nur unterschiedlich sein können, sondern sich zudem bisweilen im Laufe der Zeit verändern. In Europa ist die Burra Charter mit ihrem dynamischen Kulturerbe-Verständnis zwar bekannt, in der Praxis bisher aber nicht anerkannt.

Die Idee einer an den Akteur*innen orientierten Denkmalpflege entwickelte der Europarat in der 2005 erarbeiteten Faro-Konvention sogar noch weiter und erklärt darin das persönliche Engagement am Kulturerbe der eigenen Wahl, mithin die Partizipation am Kulturerbe-Diskurs, zu einem Grundrecht für alle.[4] Für europäische Denkmalpfleger*innen, deren Institutionen und Organisationen in aristokratischen Gesellschaftsmodellen verwurzelt sind, ist dies ein völlig neuer Ansatz. Bis heute hat Deutschland, zum Beispiel, die Faro-Konvention nicht ratifiziert. Eine Teilhabe hieße, die eigene Deutungshoheit über die Denkmale abzugeben.

Kritik

Die prominenteste Kritikerin von denkmalpflegerischen Verwaltungsapparaten, Institutionen und Organisationen ist die australische Anthropologin Laurajane Smith, die in ihrem Buch *Uses of Heritage* den Begriff des »authorized heritage dis-

4 »[...] every person has a right to engage with the cultural heritage of their choice [...].« Artikel 2b, Council of Europe Framework Convention on the Value of Cultural Heritage for Society, 2005.

course«[5] einführt. Sie verurteilt die allgegenwärtige institutionalisierte Kulturerbe-Praxis, die ihre eigene, von Experten definierte Macht und Sprache missbrauche, um exklusiv darüber zu entscheiden, was eine ganze Gesellschaft oder Nation als ihr kulturelles Erbe schützen solle. Die Defizite der Denkmalpflege haben inzwischen so etwas wie eine eigene Disziplin entstehen lassen. Smith gehört zu den Gründer*innen der Association of Critical Heritage Studies, die dazu aufruft, traditionelle Denk-, Handlungsweisen und Deutungsmuster in Bezug auf das Kulturerbe kritisch zu hinterfragen:

> »[A] truly critical heritage studies will ask many uncomfortable questions of traditional ways of thinking about and doing heritage, and that the interests of the marginalised and excluded will be brought to the forefront when posing these questions.«[6]

Kritische Stimmen kommen auch aus der Architektur. Der niederländische Architekt Rem Koolhaas setzt sich seit den frühen 2000er-Jahren mit Praxis und Phänomen der Denkmalpflege auseinander. Während man bei ihm eher eine materialistische und ästhetisch fokussierte Perspektive erwarten würde, wie sie normalerweise in der Architektur ihren Ausdruck findet, präsentierte Koolhaas in einem Vortrag an der Columbia University Graduate School of Architecture, Planning and Preservation (GSAPP) 2004 stattdessen eine ganzheitliche Sicht auf das Thema:

> »We [...] looked at the history of preservation in terms of what was being preserved, and it started logically enough with ancient monuments, then religious buildings, etc. Later, structures with more and more (and also less and less) sacred substance and more and more sociological substance were preserved, to the point that we now preserve concentration camps, department stores, factories

5 **Smith, Laurajane: *Uses of Heritage.* London: Routledge, 2006.**
6 **Association of Critical Heritage Studies. https://www.criticalheritagestudies.org/history (zuletzt aufgerufen 01.03.2021)**

> and amusement rides. In other words, everything we inhabit is potentially susceptible to preservation.«[7]

Die Grundlage für einen sozial orientierten Ansatz, wie Koolhaas ihn hier beschreibt, wurden bereits Anfang des 20. Jahrhunderts von dem österreichischen Kunsthistoriker Alois Riegl gelegt, der zwischen gewollten und ungewollten Denkmälern unterschied. Über gewollte Denkmäler schrieb er:

> »Unter Denkmal im ältesten und ursprünglichsten Sinne versteht man ein Werk von Menschenhand, errichtet zu dem bestimmten Zweck, um einzelne menschliche Taten oder Geschicke (oder Komplexe mehrerer solcher) im Bewußtsein der nachlebenden Generationen stets gegenwärtig und lebendig zu erhalten.«[8]

Im Gegensatz dazu definiert Riegl ungewollte Denkmäler als solche, die nicht als Denkmäler erbaut, sondern im Laufe der Zeit durch unterschiedliche menschliche Wertzuschreibungen zu solchen wurden, ihre Bedeutungen also über Jahre hinweg akquirieren: »[N]icht den Werken selbst kraft ihrer ursprünglichen Bestimmung kommt Sinn und Bedeutung von Denkmalen zu, sondern wir modernen Subjekte sind es, die ihnen dieselben unterlegen.«[9]

Riegls Beschreibung kultureller Werte war ein Wendepunkt in der Geschichte der Denkmalpflege – zumindest in der Theorie, denn pluralistische Ansätze verblieben interne Diskussionen der Denkmalpflegetheorie. In der Praxis konnten sie sich bislang nicht durchsetzen, da die Mehrheitsgesellschaft wenig Interesse an einem komplexen Geschichtsverständnis zeigt.[10]

7 Koolhaas, Rem: »Recent Work«, in: *Preservation Is Overtaking Us (GSAPP Transcripts)*, New York: Columbia Books on Architecture and the City, 2014, S. 9–18, hier S. 15.

8 Riegl, Alois: »Der moderne Denkmalkultus, sein Wesen und seine Entstehung«, in: Georg Dehio / Alois Riegl: *Konservieren, nicht restaurieren. Streitschriften zur Denkmalpflege um 1900*, Bauwelt Fundamente 80, Braunschweig: Vieweg Verlag, 1988, S. 43–87, hier S. 43.

9 Ibid., S. 47.

10 Vgl. Wohlleben, Marion: »Vorwort«, in: Conrads, Ulrich: *Konservieren, nicht restaurieren. Streitschriften der Denkmalpflege um 1900*, Bauwelt Fundamente 80, Baunschweig: Vieweg Verlag, 1988, S. 7–33, hier S. 22.

Obwohl das Engagement für die Denkmalpflege in den 1960er- und 1970er-Jahren auch aktivistischer Natur war und sie im leidenschaftlichen Protest gegen die sogenannten Kahlschlagsanierungen der Zeit einen Aufschwung erfuhr, etablierte sich der Denkmalschutz bürokratisch, unbeweglich und in starren Mustern verhaftet. In der in den 1970er-Jahren aufkommenden Denkmalpflegekritik forderten der Planungstheoretiker und Soziologe Lucius Burkhart sowie der Kunst- und Kulturhistoriker Roland Günter die Öffnung des Denkmalbegriffs für alltags- und sozialhistorische Artefakte – Impulse, die allerdings von offizieller Seite der Denkmalpflege abgewehrt wurden.[11]

Seit Ende der 1990er-Jahre kritisiert die US-amerikanische Urbanistin und Architektin Dolores Hayden, dass alltägliche Orte, die oft wichtige Ankerpunkte für das kulturelle Gedächtnis einer Gesellschaft sind, in offiziellen Narrativen der Stadtgeschichte wie in der Denkmalpflegepraxis nicht genügend Wertschätzung und Berücksichtigung finden. Sie hält diese Orte für ebenso wichtig für das öffentliche Gedächtnis wie künstlerisch oder vermeintlich historisch wertvollere Gebäude:

> »The importance of ordinary buildings for public memory has largely been ignored, although, like monumental architecture, common urban places [...] have the power to evoke visual, social memory.«[12]

Dass es der Denkmalpflege an Konzepten zum Umgang mit dem Typischen, dem Generischen mangelt, kritisiert auch Koolhaas: Bestimmte Architekturen, vor allem das »Außergewöhnliche«, würden gelistet und bewahrt, während vieles andere verschwindet, so ein zentrales Argument der Ausstellung *Cronocaos*, die Koolhaas' Büro AMO/OMA 2010 auf der 12. Archi-

11 Scheurmann, Ingrid: »›Müssen wir nicht die Bewahrung von Erinnerung überhaupt neu begründen‹: Willibald Sauerländer, Roland Günter und Reinhard Entmann erneuern den Denkmalbegriff im Denkmalschutzjahr 1975«, in: idem: *Konturen und Konjunkturen der Denkmalpflege: Zum Umgang mit baulichen Relikten der Vergangenheit*, Köln/Weimar/Wien: Böhlau Verlag, 2018, S. 254–261, hier S. 256.

12 Hayden, Dolores: *The Power of Place: Urban Landscapes as Public History.* Cambridge, MA: The MIT Press, 1995, S. 47.

tekturbiennale in Venedig präsentierte. Das Ausstellungsprojekt zeigte Schwächen der Denkmalpflege genauso auf wie das Denkmalpflegeverständnis in der eigenen Büropraxis. Der Titel – ein Kunstwort (etymologisch nicht ganz sauber zusammengesetzt aus dem griechischen Begriff *chronos* und dem italienischen *caos*) – impliziert, dass Denkmalpflege in der Praxis die Geschichte verzerrt oder verfälscht und zeitlich in Unordnung (Chaos) bringt. Sie trage zum einen mit ihrem Fokus auf das Besondere, zum anderen mit einer wenig geschärften Haltung im Umgang mit Zeitlichkeit wesentlich dazu bei, den Lauf der Geschichte schwer nachvollziehbar abzubilden.[13]

Inventarisierung, Konzeptkunst

In einer Studie für das Stadtgefüge von Peking entwarf OMA bereits 2003 mehrere hypothetische Erhaltungsstrategien. Dazu gehörte auch ein regelmäßiges Raster, das eine Auswahl zufälliger quadratischer Areale zur Erhaltung in der Megastadt vorsah:

> »Instead of a seemingly inevitable focus on the centre – the oldest, the most beautiful, the most historic part – different models of preservation can be imagined: a wedge could record, systematically and without aesthetic bias, all the developments that have occurred in an urban system over time; a point grid could act as a form of sampling, a statistical preservation model capturing every urban condition.«[14]

Diese für sich genommen simple Idee veranschaulicht einen wesentlichen Aspekt der Arbeit von Denkmalpfleger*innen:

13 Geschichtsfälschung haben schon andere, wie beispielsweise der US-amerikanische Historiker und Begründer der Heritage Studies David Lowenthal der Denkmalpflege vorgeworfen. Er geht sogar so weit, Denkmalpfleger als die größten Feinde der Vergangenheit zu bezeichnen – unter anderem, weil sie eine selektive Vergangenheit für eigene politische Zwecke instrumentalisieren. Lowenthal, David: *The Heritage Crusade and the Spoils of History*, Cambridge: Cambridge University Press, 1998.

14 OMA, Bejing Preservation, 2003: https://oma.eu/projects/beijing-preservation (aufgerufen am 25.8.2020).

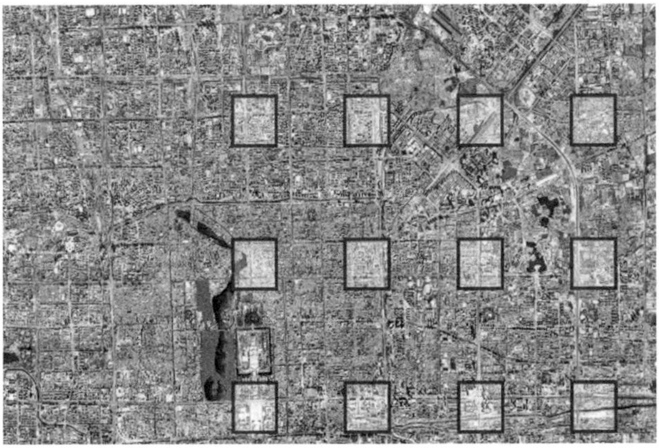

Ein hypothetisches und geometrisches Auswahlraster als Gegenmodell zum Fokus auf das Älteste, das Schönste und das Geschichtsträchtigste. OMA, Beijing Preservation (2003): Courtesy of OMA

das Auswählen von zu bewahrenden Objekten. Die Inventarisierung, die jedoch nicht zufallsbasiert beziehungsweise stichprobenartig erfolgt, besteht darin, auf streng wissenschaftlicher Grundlage Orte, Objekte und Bauteile auszuwählen, die nach Ansicht von Expert*innen (Kunsthistoriker*innen, Architekt*innen und Archäolog*innen) als denkmalwürdig und erhaltenswert gelten. Dieser Prozess ist dem künstlerischen Akt in der Konzeptkunst nicht unähnlich. Das ikonische Werk *Fountain* von Marcel Duchamp, ein serienmäßig hergestelltes Pissoir, erfährt eine Transformation durch Entfremdung.[15] Durch die Akte der Umbenennung (»Brunnen«) und des Signierens macht Duchamp das Urinal zu einem Kunstwerk mit anhaltender Bedeutung. Duchamps Geste des Signierens ist mit der Unterschutzstellung einzelner Objekte, Stätten oder Ensembles vergleichbar. Ob Kunstwerk oder Monument, beide werden infolge ihrer Umwidmung von natürlichen Entwicklungsprozessen ausgeschlossen. Das Kunstwerk im Museum darf nicht mehr berührt, das Bauwerk nicht verändert – geschweige denn abgerissen – werden.

Der Auswahlprozess von Denkmälern wird bei aller Wissenschaftlichkeit immer auch von der persönlichen Zuschrei-

15 Will, Thomas: »Das Erbe regeln. Denkmalschutz zwischen Fachexpertise und Bürgerbewegung«, in: *Der Architekt* 4/2015, S. 20–23, hier S. 22.

bung bestimmter Werte getrieben – individuell, subjektiv, letztendlich abhängig von verschiedenen kulturellen und gesellschaftlichen Prägungen.[16] In diesem Sinne ist er auch ein kreativer Prozess.[17] Mit der Zusammenstellung der Denkmalliste entscheiden Konservator*innen, was für unsere Gesellschaft erhaltenswert ist, und werden so zu Kurator*innen unserer gebauten Umwelt. Die geschützten Objekte sollen erhalten werden, wenn möglich für immer und mit allen Mitteln. Die Unterschutzstellung ist ein radikaler Akt, der absolute Autorität beansprucht und der Denkmalpfleger*innen in diesem Sinne zu aktiven Autor*innen macht.

Making Heritage: Das offene Denkmal

Viele Menschen sehen Denkmalpflege als passive Angelegenheit; Denkmale sind für sie historische Objekte, die andere in der Vergangenheit als wertvoll eingestuft haben und die zur Pflege und Erhaltung an die gegenwärtige Gesellschaft weitergegeben werden. Doch die Bildung kulturellen Erbes, zu dem auch Denkmale gehören, ist ein immerwährender aktiver Prozess. Denkmale sind etwas, das wir aktiv mitgestalten und kontrollieren können. Wir bestimmen selbst, was wir erhaltenswert finden, was wir erben und was wir weitervererben wollen. Der Diskurs um kulturelles Erbe erfordert Partizipation, Teilhabe, Diversität; die vorherrschende Praxis der Denkmalpflege ist aber nach wie vor fest mit in sich geschlossenen modernistisch-linearen Planungsbürokratien verbunden, die einen ständig wachsenden Kanon von zumeist »ästhetisch ansprechenden materiellen Objekten, Stätten, Orten«[18] als denkmalwürdig auflisten. Jede Unterschutzstellung stellt dabei eine Zäsur dar, nach der

16 **Schmidt, Leo: »Das Denkmal als Prozess und Kommunikation«, in: Detlef Karg (Hrsg.): *Bildung und Denkmalpflege*, 78. Tag für Denkmalpflege, Jahrestagung der Vereinigung der Landesdenkmalpfleger in der Bundesrepublik Deutschland, Worms, 2010; Will, Thomas: »Wissenschaftler oder Künstler vor dem Denkmal?«, *Deutsche Kunst und Denkmalpflege*, 50, 2/1992, S. 102–108.**

17 **»Denkmalpflege ist damit ein kreativer Akt. Eine Auswahl zu treffen, also zu bestimmen, was schützenswert sein könnte und was nicht, ist kreativ.« Jorge Otero Pailos, zitiert in: Rellensmann, Luise und Casper, Jens: »Monumente der Verschmutzung«, *Baunetzwoche* 469, 2019, S. 6–14, hier S. 13.**

18 **»[...] aesthetically pleasing material objects, sites, places«. Aus Smith 2006, S. 29.**

weitere Veränderungen nur noch möglich sind, wenn sie von der institutionalisierten Denkmalpflege autorisiert werden.

Die ständig wachsenden Listen müssen geöffnet und die Besessenheit der Denkmalpflege mit der Stabilisierung bestimmter materieller Zustände überwunden werden.[19] Es nicht akzeptabel, dass eine modernistisch geprägte Konservierungspraxis die Arbeitsweise künftiger Generationen bestimmt. Will die Praxis der Denkmalpflege ein Spiegel einer sich weiter diversifizierenden demokratischen Gesellschaft sein, so müssen die institutionellen Prozesse geöffnet, müssen Deutungshoheiten infrage gestellt werden. Es bedarf neuer, über die Disziplin hinausgehender Verständnisse und Arbeitsweisen. Die Praxis muss Veränderungsprozesse zulassen und zu einer Haltung des Förderns kommen, statt die des Verhinderns weiter zu kultivieren. Partizipation muss im Sinne selbstbestimmter Beteiligung und Teilhabe von außen ausdrücklich willkommen geheißen und nicht allein »als ein von oben herab gewährtes Mitmachrecht«[20] geduldet werden.

Denkmalpflege erfordert entwerferische Kompetenzen und darf architektonisches Notieren und Entwerfen nicht länger als Hilfswissenschaft verstehen. Jeder Bestand hat einen Wert. In der architektonischen Transformation wird bauliches Erbe bewahrt, konstruiert und interpretiert. Der Entwurfsprozess, das langsame Herantasten an das Vorgefundene und seine Transformation, macht Zusammenhänge sichtbar und kulturelle Zuschreibungen möglich.

Architekt*innen klammern die Denkmalpflege in ihrer zunehmenden Hinwendung zum Bestand jedoch oftmals aus. Wenn sie sich dem Thema dann doch zuwenden, wird das in der akademischen Denkmalpflege selbst als Bedrohung aufgefasst.[21] Umgekehrt dürfen Architekt*innen die Denkmalpflege jedoch nicht auf den amtlichen Denkmalschutz reduzieren

19 Harrison spricht von einer »Krise der Anhäufung« (»crisis of accumulation«) und einer »Besessenheit von der physischen Erhaltung« (»obsession with physical conservation«). Harrison, Rodney: »Forgetting to remember, remembering to forget: late modern heritage practices, sustainability and the ‚crisis' of accumulation of the past«, in: *International Journal of Heritage Studies*, 2012, S. 579–595.

20 Vgl. Miessen, Markus: *Albtraum Partizipation*, Berlin: Merve, 2012.

und einzig als Einschränkung ihrer Freiheit verstehen. Auch wenn die Praxis der Denkmalpflege bislang kaum als progressiv gilt, so ist ihre Theorie eine avantgardistische Diskussion über die kulturellen Werte von Objekten und Orten, die höchst zeitgemäße Fragen nach Macht, Privilegien und Partizipation aufwirft – Fragen, die unmittelbar in den Diskurs und die Theorie des architektonischen Entwerfens gehören.

Making Heritage ist die aktive Bildung von Denkmälern und kulturellem Erbe. Mit dem *Garagenmanifest* werden DDR-Garagen – bislang kein Teil der offiziellen ostdeutschen Geschichtsschreibung – nun erstmalig mit architektonischen Mitteln sichtbar gemacht. Wie die Architekten und Künstler der florentinischen Frührenaissance arbeitet das Garagenmanifest mit Beschreibungen und Zeichnungen, doch statt auf antikrömische Ruinen richtet es den Blick auf DDR-Garagen und schreibt ihnen so eine kulturelle Bedeutung zu. Mit diesem Prozess der Auswahl und Aufzeichnung beginnt also auch ein schöpferischer Akt. Zugleich dienen die Garagen als herausragendes Beispiel für ein baukulturelles Phänomen in Transformation – eine schützenswerte Alltagsarchitektur, die in den toten Winkel der institutionalisierten Denkmalpflege fällt, wie ihn bereits Lucius Burckhardt und Roland Günter in den 1960er- und 1970er-Jahren oder Dolores Hayden in den 1990er-Jahren angeprangert hatten und welche mit den Mitteln des hergebrachten Denkmalschutzes zum jetzigen Zeitpunkt nicht bewahrt werden kann.

21 Architekten seien hier im »fremden Territorium« unterwegs, bemächtigten sich des Begriffes, manche akademische Vertreter der Denkmalpflege sehen gar eine »feindliche Übernahme« darin und bedienen mit ihren Sichtweisen disziplinäre Stereotype. Noell, Matthias: »Überholmanöver der Geschichte. Rem Kohlhaas und die Apotheose des ungewollten Erbes«, in: *Forum Stadt. Vierteljahreszeitschrift für Stadtgeschichte, Stadtsoziologie, Denkmalpflege und Stadtentwicklung* 43/2, 2016, S. 157–170, hier S. 159; Meier, Hans-Rudolf: »Editorial. Denkmalpflege als Zukunftsprinzip?«, in: Forum Stadt. *Vierteljahreszeitschrift für Stadtgeschichte, Stadtsoziologie, Denkmalpflege und Stadtentwicklung* 43/2, 2016, S. 131–135, hier S. 133.

Anhang

Luise Rellensmann ist Architekturjournalistin und Kulturwissenschaftlerin mit Schwerpunkt auf Architektur und Denkmalpflege. Sie studierte in Duisburg, Passau und Cottbus und lehrte am Fachgebiet Denkmalpflege der BTU Cottbus-Senftenberg sowie am Fachbereich Architekturtheorie und Entwerfen der Universität Kassel. 2012 bis 2013 war sie Stipendiatin der J. Paul Getty Foundation in Los Angeles. Luise war 2015–2018 Vorstandsmitglied im Nationalkomitee von ICOMOS Deutschland. Derzeit promoviert sie als Doktorandin im DFG-Graduiertenkolleg 1913 »Kulturelle und technische Werte historischer Bauten« an der BTU Cottbus-Senftenberg zum Thema »Denkmalpflege ohne Denkmalpfleger*innen«, und verbrachte 2019 in diesem Rahmen einen Forschungsaufenthalt an der GSAPP der Columbia University in New York.

Jens Casper, Absolvent der RWTH Aachen, arbeitete als Wissenschaftlicher Mitarbeiter an der TU Berlin, vertrat mit einer Gastprofessur den Lehrstuhl Entwerfen und Bauen im Bestand an der Brandenburgischen Technischen Universität BTU Cottbus, leitete einen internationalen postgradualen Studiengang der Fachrichtung Architektur an der BTU und lehrte zuletzt in Zusammenarbeit mit dem Lehrstuhl Denkmalpflege der BTU. Er ist seit 2003 Mitglied der Architektenkammer Berlin als Freischaffender Architekt, seit 2007 Mitglied des BDA, Bund Deutscher Architektinnen und Architekten. Schwerpunkt seiner Arbeit in der Praxis sind Umbauten und Umnutzungen und die intensive Auseinandersetzung mit dem Vorhandenen.

Martin Maleschka ist Dokumentarfotograf mit Schwerpunkt Architektur und Kunst der DDR. Er studierte Architektur an der BTU Cottbus-Senftenberg. Seit 2005 veröffentlicht er Fotos auf seinen Flickr- und Instagram-Accounts »kunstambauddr« und »martinmaleschka«, und kuratiert seit 2016 die Social-Media-Kanäle des Online-Plattenbaukultur-Portals »jederquadratmeterdu«. Mit bislang mehr als 30.000 veröffentlichten Bildwerken hat er die umfassendste fotografische Sammlung architekturbezogener Kunst in Ostdeutschland aufgebaut. Mit einer Vielzahl an Einzel- und Gruppenausstellungen trägt er dazu bei, das baukulturelle Erbe der DDR-Moderne wiederzuentdecken und der breiten Öffentlichkeit zugänglich zu machen. Ende 2018 veröffentlichte er einen Architekturführer *Baubezogene Kunst. DDR: Kunst im öffentlichen Raum 1950 bis 1990*, und im Frühjahr 2021 *Eisenhüttenstadt. Architekturführer*.

Abbildungs- und Quellenverzeichnis

S.11 Google Earth Pro: GeoBasis DE/BKG, GeoContent, Maxar Technologies, Map data @2021 GeoBasis DE/BKG (2009), **S. 13 oben** Stadtarchiv Cottbus, **S. 13 unten** Stadtarchiv Cottbus, **S. 14** S. G. W. Söder: Erinnerungen auf 8 mm (Digitalisierter Super-8-Film), 2009, **S. 17** Das Grundstück, Journal des VDGN 11/12 2004, Cover; Berlin 2004; Foto: Rainer Große, **S. 27** Luise Rellensmann, **S. 158** Baldassarre Peruzzi, Pantheon (um 1500): Ferrara Biblioteca Comunale Ariostea, ms.Classe I 217, Anhang 8r, **S. 160** Le Corbusier, Plan Voisin, Paris (1925): Photographie FLC L2(14)52 © FLC/Bildkunst, 2021, **S. 167** OMA, Beijing Preservation (2003): Courtesy of OMA, Rotterdam

Fotos für die Case Studies:
Jens Casper und Luise Rellensmann, sowie Laura Hernandez **S. 76, 78–79, 80–81**, Melanie Kuhnlein **S. 86–87, 88–89**, Zhuoyou (Zoey) Teng **S. 95, 97**, Justyna Sielska **S. 110–111, 112**, Nora Kokert **S. 123, 128**, Moritz Unger **S. 140–141**

Alle Zeichnungen in den Case Studies, wenn nicht anders vermerkt: Jens Casper, Luise Rellensmann. Zeichnungen der Garagentor-Verriegelungen **(Case Study 7)**: Nora Kokert.

Zeichnung der Garage von G: Lasse Schmalfuß.

Alle Fotos des Foto-Essays: Martin Maleschka

Für die Beschreibung der Garagenanlagen wurden folgende Archivdokumente aus dem Stadtarchiv Cottbus herangezogen: **Case Study 2** BA9555; **Case Study 3** BA5807; **Case Study 4** BA9947, BA9931; **Case Study 5** BA5433; **Case Study 6** BA10131, BA10129, BA10111, BA9728, BA9729, BA9453, BA8259, BA6389, BA6395, BA6394, BA6393; **Case Study 8** BA3545, BA5150, BA9024; **Case Study 9** BA7672, BA6146, BA5546, BA5386, BA4917, BA4918, BA4919, BA4656, BA4059, BA8420

Wir danken:

Der Seminargruppe »The Garage Manifesto: Experimental Preservation / Viollet-Le-Duc, Superstudio and the GDR Garages«, deren Arbeit die Grundlage für dieses Buch bildet: Laura Hernandez **(Case Study 2)**, Nora Kokert **(Case Study 7)**, Melanie Kuhnlein **(Case Study 3)**, Lasse Schmalfuß **(Case Study 5, Die Garage von G)**, Justyna Sielska **(Case Study 6)**, Hanna Strahl **(Case Study 1)**, Zhuoyou (Zoey) Teng **(Case Study 4)**, Pawel Tucholski **(Case Study 9)**, Moritz Unger **(Case Study 8)** mit Gerburg Brilling, Rebecca Galley und Martin Henseler (Brandenburgische Technische Universität Cottbus- Senftenberg im Wintersemester 2016 / 17).

Dem Stadtarchiv Cottbus sowie den aufgeschlossenen Garagennutzer*innen.

Ulrich Müller, Architektur Galerie Berlin, für die Möglichkeit der Ausstellung an der Berliner Karl-Marx-Allee. Die damit verbundene Öffentlichkeitswirkung hat das Projekt auch konzeptionell bereichert. Für die Mitwirkung am Ausstellungsaufbau danken wir: Johann Wim Seeger. Ausstellungsgespräch: Leo Schmidt, Kirsten Angermann, Thomas Burlon.

Für ihr motivierendes Interesse am Thema und die Möglichkeit, die Arbeit in einem internationalen akademischen Kontext zu präsentieren: John Schofield (Center of Applied Heritage Studies, University of York) und Jorge Otero-Pailos (Preservation Lecture Series, GSAPP Columbia University, New York).

Axel Dossmann für eine aufmerksame Lektüre aus Sicht eines Alltagshistorikers und für weitergehende Anregungen zum Thema.

Für ihr kritisches Feedback: Inken Baller, Mathis Burandt, Clara Rellensmann, Katelyn Williams.

Martin Maleschka für seinen Enthusiasmus für das Thema und seinen Beitrag zu diesem Buch.

Für das Interesse und ihre großzügige finanzielle Unterstützung: Markus Otto, Dekan Fakultät 6 der BTU Cottbus-Senftenberg, dem DFG-Graduiertenkolleg 1913 »Kulturelle und Technische Werte historischer Bauten« an der BTU Cottbus-Senftenberg sowie der Gleichstellungsstelle der BTU Cottbus-Senftenberg.

b-tu Brandenburgische Technische Universität Cottbus - Senftenberg

Garagenkulturen

Yefimkina, Natalija: *Garagenvolk*, Dokumentarfilm, Deutschland 2020

Bernardy, Sebastian; Meyer Madaus, Vincent (Eventually Made): »Garage Tales«, in: *Volume #56: Playbor*, Amsterdam 20.12.2019

Erlanger, Olivia; Ortega Govela, Luise: *Garage*, MIT Press, Cambridge, MA 2018

Neiburga, Katrina; Eglitis, Andris: *Armpit*, Latvian Pavilion Venice Biennale 2015; Catalogue published by The Latvian Centre for Contemporary Art, Rīga 2015

Siegelbaum, Lewis H (Hrsg.): *The Socialist Car. Automobility in the Eastern Bloc*, Cornell University Press, Ithaca, NY 2011

Polt, Gerhard: *Die Garage*, Hörspiel, Deutschland 2000

Rjazanow, Eldar: *The Garage* (Гараж), Spielfilm, UdSSR 1980

Jackson, J.B.: »The Domestication of the Garage«, *Landscape* Vol. 20 (2 Winter), Berkeley, CA 1976

Impressum

Konzept: Jens Casper, Luise Rellensmann
Mit Fotografien von: Martin Maleschka
Lektorat: Lisa Schons
Korrektorat: Karin Prätorius
Gestaltung: Bureau Sandra Doeller
Lithografie, Druck und Bindung:
DZA Druckerei zu Altenburg GmbH,
Thüringen

Park Books
Niederdorfstrasse 54
8001 Zürich
Schweiz

www.park-books.com

Park Books wird vom Bundesamt
für Kultur mit einem Strukturbeitrag
für die Jahre 2021–2024 unterstützt.

ISBN 978-3-03860-240-8